일러두기

악기 관련 이미지는 이뮤지엄(www.emuseum.go.kr)에서
서비스되는 사진자료 중 공공누리 제1유형에 해당하는 자료를 사용하였다.

사람이 있는 곳에 음악이 있다

들으니 보이는 우리소리

문주석 지음

A MULTI-SENSORY
INTRODUCTION TO TRADITIONAL
KOREAN MUSIC

idea Spoon

차례

사람이 있는 곳에 음악이 있다

들으니
보이는
우리소리

A MULTI-SENSORY
INTRODUCTION TO TRADITIONAL
KOREAN MUSIC

차례
CONTENTS

CHAPTER 01

귀로 보는
우리소리

- **012** 사라지는 눈꽃의 춤사위 '춘설'
- **016** 매화향기 코끝에 전해지면 귀에 들려오는 '매화가'
- **020** 봄의 소리 '낙양춘'
- **026** 물처럼 돌아가고 흘러가는 '가야금산조'
- **030** 제비가 물고 오는 삼월삼짇날 '새타령'
- **034** 하늘의 기운을 땅의 기운으로 만드는 '농악'
- **038** 유월 염천을 날려버리는 '사물놀이'
- **042** 함께여서 더 아름다운 '수룡음'
- **046** 나쁜 기운을 물리치는 '대취타'
- **050** 가을을 기다리는 '하현도드리'
- **054** 눈은 반짝, 귀는 쫑긋해지는 '천년만세'
- **058** 차가움과 따뜻함이 공존하는 '국화야'
- **062** 첫 눈과 큰 눈이 오면 생각나는 '군밤타령'
- **066** 그리움과 애틋함이 묻어나는 '동짓달'

CHAPTER 02

눈으로 듣는 우리악기

- 072 줄을 희롱하는 '**줄풍류**'
- 078 김홍도의 '무동도'에 숨겨진 비밀 '**삼현육각**'
- 082 무대 위의 카리스마(Charisma) '**박**'
- 086 형과 아우의 우애 '**훈과 지**'
- 090 잎새가 들려주는 두 배의 여운 '**풀피리와 쌍피리**'
- 094 큰 울림으로 세상을 덮어주는 '**범종**'
- 100 문(文)을 가까이하고 무(武)를 멀리하는 '**거문고**'
- 104 용의 울음 '**젓대**'
- 108 보헤미안의 기질을 가진 '**날라리**'
- 112 기러기의 날개 짓을 잊게 하는 '**비파**'
- 116 가냘픈 허리의 울림 '**장구**'
- 120 타악기처럼 두드리는 현악기 '**양금**'
- 124 익숙함과 어색함의 동거 '**철현금**'

CHAPTER 03

피부로 맛보는 우리풍류

- 130 쌍계사의 보물 '**진감선사대공탑비**'
- 134 천년 노래의 시작 '**정과정**'
- 140 떡방아 찧는 소리가 들리는 '**낭산**'
- 146 우륵의 열정과 연륜이 남아있는 '**정정골과 탄금대**'
- 152 악공들의 고향 '**장악원**'
- 156 젓대소리의 울림 '**옥계폭포**'
- 162 산자와 죽은 자의 안식처 '**종묘**'
- 168 풍류의 아지트 '**인왕산**'
- 176 조선 최고의 스카이뷰 '**필운대**'
- 182 정치와 풍류가 있었던 곳 '**운현궁**'
- 188 거문고소리에 깨어나고, 매화향이 감도는 '**도산서원**'
- 194 소리의 시험장 '**구룡폭포**'

백여 년 전 세계 최초로 음성과 음악을 무선으로 내보낸 사람은 레지널드 퍼센든이다. 크리스마스 이브에 매사추세츠 연구실에서 발전기와 마이크를 이용해서 노래를 부르고 바이올린으로 연주한 것을 대서양을 향해 무선으로 보냈다. 대서양에 있는 선박에서는 모스부호 대신에 음악과 노래가 흘러나오자 선원들은 모두 놀랐다는 일화가 있다. 처음 전파를 통해 음악과 노래를 듣고 선원이 느꼈을 놀라움과 충격 그리고 감동은 상상조차 어렵다. 오늘날 전파의 홍수 속에 우리소리도 전파를 타고 라디오에서 흘러나오지만 대서양 위에서 선원이 느낀 만큼의 감동을 전할 수 있을지 의문이다.

한국 최초의 텔레비전 방송은 1956년 5월 12일 선보인 HLKZ-TV이다. 세계에서 15번째 TV 방송국이었으며, 아시아에서는 일본·태국·필리핀에 이어 4번째로 개국하였다. 이날 저녁 방송된 한국 최초의 TV방송 프로그램은 '만파정식지곡'이다. 미술담당자가 밤새 만든 궁전 앞마당 형상의 세트에서 홍주의를 입은 악사들이 '만파정식지곡'을 연주하였다.

'만파정식지곡'은 앞날에 일어날 수 있는 나쁜 기운 즉, 액운과 액살을 물리치는 의미가 담긴 음악이다. 1950년대 어려운 환경 속에서 새로운 기운으로 앞날의 희망을 전파에 담아 방송한 것처럼, "국악은 어렵고 지루하고 재미없다."는 액운의 꼬리표가 이 책을 통해 잘려나가길 기원해본다.

'지금까지 있은 적이 없다.'는 의미의 형용사는 '새롭다'이다. 그리고 '새롭다'의 두 번째 뜻은 '전과 달리 생생하고 산뜻하게 느껴지는 맛이 있다.'이다. 이 책은 '새롭다'의 두 번째 의미에 가까운 책이다. 국악과 관련된 기존의 내용들을 새로운 레시피로 만들어 선사하고자하였다. 자극적인 조미료를 쓰지 않고 신선한 원재료에서 느껴지는 풍미를 느낄 수 있도록 기획하였으나 예민한 독자들의 미각이 두려울 따름이다.

"알면 보이고, 그때 보는 것은 이전과는 다르다."고 했던가? 알기위해선 최소한의 시간과 노력이 필요하지만 현대사회에선 그것마저도 허락되지 않을 때가 많다. 알기 이전에 먼저 듣는 것이 시작 일 것이다. 듣는 것은 알기위해 노력하는 것보다 편하다.

듣는 것에는 아무런 제약이 없기 때문이다. 왜냐하면 듣고 난 이후에 무엇을 판단하고 선택할 것인가에 대한 몫은 오롯이 개인에게 부과된다. 가장 합리적인 판단과 올바른 선택을 위해서 노력하지만 결과가 매번 만족스럽지는 않다. 그럼에도 불구하고 지금 이 책장을 펼치는 이들에게 만족감을 제공하는 것은 필자의 사명일 것이다. 두려움과 사명감의 경계선에서 용기를 내어본다.

"들으니. 보이는 우리소리"는 국악방송 〈국악발전소〉 라디오진행자로 활동하면서 라디오방송에서 소개한 내용과 여러 매체에 산발적으로 기고한 글들을 모아서 구성하였다. 총 3부로 편성되었다. 한국음악을 귀로만 듣지 말고 볼 수 있길 바라는 마음으로 제1부 '귀로 보는 우리소리'를 채웠다. 매화 피는 시기에 매화차를 마시면서 '매화가'를 들을 수 있다면 그때 듣는 '매화가'는 결코 느리거나 지루하지 않을 것이다. 사계절과 세시풍속 그리고 국악곡을 버무려 계절에 따른 우리소리를 맛볼 수 있도록 구성하였다. 제2부는 눈으로 보지 말고 들을 수 있길 바라며, '눈으로 듣는 우리악기'를 소개하였다. 가야금과 대금처럼 일반적으로 널리 알려진 한국악기 이외에 범종, 비파, 풀피리와 쌍피리, 그리고 철현금 등 이름마저 생소한 우리악기들을 외국악기와 비교하거나, 숨겨진 뒷이야기를 들려준다. 입으로만 맛보지 않고 피부세포를 자극하여

몸을 움직여 풍류의 진한 감칠맛을 경험하길 바라는 마음이 담긴 제3부 '피부로 맛보는 우리풍류'는 시간의 음악을 공간으로 안내 할 것이다. 옛 사람들이 숨겨둔 비밀스러운 풍류공간을 찾아보고, 그곳에서 펼쳐진 풍류객들의 노는 물이 다른 멋과 흥취의 기억을 소환한다. 시인묵객과 풍류객들이 찾았던 그곳, 우리 곁에 있었으나 알지 못했던 공간을 확인하는 여행을 통하여, 영남·호남·서울과 경기지역에 숨어있던 우리소리의 현장에서 옛사람들이 남긴 멋과 맛의 품격을 느낄 수 있을 것이다.

대서양 한가운데에서 음악과 노래를 들은 선원의 감동은 듣는 것에서 출발하였다. 듣지 않으면 알 수 없고, 알지 못하면 찾지 않는다. 아직도 우리소리가 들리지 않는 곳이 많다. 우리소리 우리가락이 세계 곳곳에서 들리도록 모두가 볼륨을 높이는 그날을 기다린다.

2017년 12월
하늘을 받드는 곳 '봉천'에서
문주석

CHAPTER

01

귀로 보는 우리소리

SEEING WITH THE EARS: KOREAN SOUND

사라지는 눈꽃의 춤사위

'춘설'

CHAPTER 01

　　입춘(立春)은 24절기 중 첫 번째에 해당하는 절기이며, 봄의 시작을 의미한다. 이 시기에는 '입춘대길(立春大吉)', '건양다경(建陽多慶)' 등의 글자를 대문 앞에 써서 붙이는 풍속이 있다. 그리고 궁궐에서는 신하들이 임금에게 입춘하례(立春賀禮)를 드리고, 임금은 비단을 잘라서 만든 '춘번자(春幡子)'를 신하들에게 하사하였으며, 휴가도 주었다. 또한 겨울동안 부족한 영양소를 보충하기 위하여 다섯 가지 신선한 채소를 버무려 먹었는데, 청색·흰색·붉은색·검은색·노란색의 나물을 다섯 방향에 맞게 배치하여

왕이 신하들에게 하사하였다고 한다. 여러 가지의 색을 하나로 무쳐먹는 행위를 통하여 화합과 조화를 모색한 것이다. 오늘날은 입춘과 관련된 '춘번자'와 휴가는 사라졌으나, 봄을 기다리는 마음이 글자에 반영되어 전한다.

차고 단단한 땅에서 어린 새싹의 출현을 기다리는 마음이 '봄'이란 단어에 담겨있다. '봄'은 '보다'에서 유래하였다. 생명의 탄생과 새로운 출발을 기대하는 의미가 '봄'이란 글자로 나타난 것이다. 그러나 그토록 간절히 원하는 봄은 쉽게 오지 않는가 보다, 봄은 왔으나 아직 봄은 오지 않았다는 의미의 '춘래불사춘(春來不似春)'은 춘설(春雪)이 내릴 때, 세인들 입에 많이 오르내리는 고사성어이다.

> 겨울은 위에서부터 오고, 봄은 아래에서 온다지만, 봄이 올라오지 못하게 하려는 겨울의 심술이 '춘설'을 내리게 한다. '춘설'은 겨울눈과 달리 쌓이지 않고 금방 녹아내린다. 그러므로 봄에 겨울을 느낄 수 있는 시간은 잠깐이다. 찰나의 감흥을 긴 여운을 음악으로 승화시킨 작품이 황병기의 '춘설'이다. 1991년 11월 8일 〈17현 가야금의 밤〉에서 초연된 이 곡은 기존의 12현 가야금을 개량하여 만든 17현 가야금으로 연주하였다.

황병기의 '춘설'은 고요한 아침, 평화롭게, 신비롭게, 익살스럽게, 신명나게 등의 모습으로 표현되어 있다. '고요한 아침'은 아르페지오(Arpeggio) 주법을 활용하여 멜로디 흐름을 만들어가면서, 음들의 깊은 여운을 들려준다. 왼손과 오른손을 번갈아 빠르게 사용함으로써 춘설이 공중에서 흩날리듯, 음들이 춤을 추는 효과를 '익살스럽게' 또는 신명나게 그려낸다. 가야금을 통하여 사라지는 춘설의 아쉬움을 최대한 즐기고 있다.

들으니, 보이는 우리소리

A MULTI-SENSORY INTRODUCTION TO TRADITIONAL KOREAN MUSIC

매화향기 코끝에 전해지면, 귀에 들려오는

'매화가'

CHAPTER 01

　나무에 물이 오르면 나뭇가지 끝에 피어나는 꽃봉오리가 절로 미소 짓게 하는 시기에 봄 경치를 구경하며 즐기는 것을 상춘(賞春)이라 한다. 그리고 봄의 경치를 즐기러 나온 사람을 상춘객이라고 한다. 상춘객에게 봄을 구경하고 즐기는 것만큼이나 먹는 즐거움도 빼놓을 수 없다.

　봄에 어울리는 제철 음식들이 많이 있지만, 3월에 먹으면 좋은 제철 음식으로는 냉이·딸기·한라봉·도미 등이 있다. 냉이는 단백질 함량이 가

장 많고 비타민 A와 C, 칼슘이 풍부하기 때문에, 나른한 봄날, 향긋한 맛으로 입맛을 되찾아 주는 봄나물이다. 딸기는 꼭지가 마르지 않고, 진한 푸른 색이 좋고, 한라봉은 껍질이 얇을수록 당도가 높다고 한다. 또한 도미는 몸이 둥글고 납작한 것과 몸빛이 황색 홍색, 회색을 띠는 것이 신선하다.

1849년 『동국세시기』나 1819년 『열양세시기』에 의하면, 옛 사람들은 봄철 야산에 피는 진달래 꽃잎을 찹쌀가루에 반죽하여 화전을 부쳐 먹거나, 진달래 꽃잎에 녹말가루를 입힌 뒤 살짝 데쳐서, 곱게 우린 오미자 국물에 잣과 함께 띄운 진달래화채를 마셨다고 한다.

봄을 눈으로만 보지 않고 온몸으로 느끼면서 체험한 옛사람들의 풍류는 매화를 만나 절정에 오른다. 남녘에서 들려오는 매화의 개화소식은 봄이 왔음을 알리는 신호이다. 흰색 꽃이 피는 것을 백매, 붉은색 꽃이 피는 것을 홍매, 푸른빛 꽃이 피는 것을 청매라고 부르고, 봉오리 하나에 여러 겹의 흰 꽃이 피는 것을 만첩백매, 붉은 꽃이 피는 것을 만첩홍매라고 한다. 느끼는 사람에 따라 다를 수는 있으나, 이 중 가장 맑고 깨끗한 느낌을 주는 것은 흰색 매화는 백매(白梅)이고, 아름다움을 느끼게 해주는 것은 홍색 매화는 홍매(紅梅)이다. 사군자 중 하나로 사랑받는 매화의 꽃말은 충실이다. 꽃뿐만 아니라 열매도 유익하여, 매실은 여름철 배탈을 치유하는 효능이 있다.

가곡(歌曲)에서는 매화의 꽃잎 모양을 본떠서, 매화점 장단을 만들어 사용하고, 가사(歌詞)에서는 매화를 소재로 노래 부르기도 한다. 12가사 중 매화가는 6박장단의 경쾌한 분위가가 느껴지는 곡이다.

매화(梅花)야 옛 등걸에
봄철이 다시 돌아오니
옛 피었던 가지(柯枝)마다
피엄즉도 허다마는
춘설(春雪)이 하 분분(紛紛)허니
필지말지 하노매라

봄의 소리

'낙양춘'

봄이 오고 있는 모습은 봄꽃에서 볼 수 있고, 봄이 오는 소리는 개구리 소리를 통해서 들을 수 있다. 절기상 경칩(驚蟄)에 해당하는 시기이다. 경칩은 얼었던 땅과 차가운 공기를 따뜻하게 데우는 시기이다. 또한 겨울잠을 자던 벌레와 동물들이 세상 밖으로 나오는 계절이다. 대표적인 동물은 개구리이다. 변온동물 개구리는 최소한으로 생명유지 에너지를 소모시키며, 겨울을 보내다가 얼음이 녹고, 계곡물이 흐르면 깊은 잠에서 깨어나 세상과 마주한다. 연약한 생명체이지만 자신의 존재감을 개구리 소리로 우렁차게 표현한다.

개구리 울음소리는 성대뿐만 아니라 공명기(Resonator)에 해당하는 울음주머니(Saccus Vocalis)를 부풀려 소리를 증폭하면서 내지른다. 개구리 울음소리를 의미하는 한자어는 '양부(兩部)'이다. 중국 남북조시대 남제(南齊, 479~502)의 공치규(孔稚珪, 447~501)는 뜰에 잡초가 우거져도 뽑지를 않았다. 어느 날 우거진 잡초 속에서 개구리 울음소리가 들렸는데, 사람들이 잡초를 제거하지 않는 이유를 묻자, "개구리 울음소리로 양부가 연주하는 음악으로 삼는다."고 하였다. 이후로 양부는 개구리소리를 의미하게 되었다. 공치규가 말한 양부는 앉아서 연주하는 좌부악(坐部樂)과 서서 연주

하는 입부악(立部樂)을 지칭한다. 양부 또는 양부고취(兩部鼓吹)라고하며, 규모가 크고 풍성한 음악을 지칭한다. 중국과 달리 조선에서 양부는 아악(雅樂)을 좌방악, 향악(鄕樂)과 당악(唐樂)을 우방악으로 분류하였으며, 일본에서는 당악을 좌방악, 고려악(高麗樂)을 우방악으로 구분하였다. 그리고 조선의 선비들은 아름다운 소리를 내는 '기생개구리'의 울음소리를 즐기기 위해 개구리를 기르기도 하였다.

'개구리'를 '개고리'라고도 하는데 이것은 '개구리'의 옛말이다. 강강술래 중 '개고리 타령'에 등장하는 개고리는 개구리를 의미한다. "개고리 개골천 방죽 안에 왕개골, 왕개골을 찾을라면 양팔을 뜩뜩 걷고, 미나리 방죽을 더듬어~"

개구리 소리처럼 우리음악에서 봄의 기운과 어울리는 음악은 '낙양춘(洛陽春)'이 떠오른다. '낙양의 봄'을 의미하는 '낙양춘'은 그리운 님을 그리는 내용으로 중국 송나라의 구양수가 지었다는 시를 노랫말로 사용한다.

창밖은 아직 어두운데,
꾀꼬리가 지저귀는구나
혜초향로에 남은 혜초는 다 타버리고
비단휘장 장막으로 봄추위를 막았구나

간밤 삼경에 비가 내렸는가
무늬가 있는 발에 기대어 버들개질을 본다.
이마를 찡그리고 시름에 겨워
꽃 꺾어 눈물지으니,
돌아오는 기러기에 물어본다.
너는 혹시 내 님을 보았는가?

    현재 노래가사는 불리지 않고 당피리가 중심이 되는 관현 합주음악으로 연주되고 있다. 음계는 황(黃 : 도)·태(太 : 레)·고(姑 : 미)·중(仲 : 파)·임(林 : 솔)·남(南 : 라)·응(應 : 시) 등 7음계로 구성되었다. 곡의 속도는 매우 느리며, 선율은 장중하게 진행된다. 연주를 하다가 중간부분에서 처음으로 되돌아가는 도드리형식으로 진행된다. 서양음악에서 세뇨부터 연주하라는 의미의 '달 세뇨(Dal segno)' 기법과 유사하다.
    14세기 무렵부터 연주된 음악으로 중국에서 왔으나, 중국에는 사라지고 연주되지 않는다. 조선을 거쳐 지금까지 전해지는 귀한 음악이다.

물처럼
돌아가고 흘러가는

'가야금산조'

CHAPTER 01

    포근한 기온으로 얼음과 눈이 녹으면서 계곡물이 흐르는 시기가 우수(雨水)이다. "우수 경칩에 대동강이 풀린다."는 속담처럼, 아무리 추웠던 날씨도 이 시기가 지나면 더 이상 춥지 않다. 색깔, 냄새가 없고 아무런 맛도 느낄 수 없는 투명한 액체의 물은 차가우면 얼음이 되고, 뜨거우면 수증기가 된다. 물은 주변상황에 따라 다양한 모습으로 변화하는 형상과 더불어 높은 곳에서 낮은 곳으로 향하고, 막히면 돌아가고, 앞으로 나아가면서도 서로 다투지 않는 성질을 가지고 있다. 최고의 선(善)은 물과 같다는 의미

의 '상선약수(上善若水)'는 노자사상의 핵심이면서 현재에도 매우 의미 있게 들리는 문구이다.

이시기엔 특별한 물을 찾아서 마시기도 하는데, 고로쇠나무에서 채취한 수액이다. 이 물을 마시면 위장병에 효과가 있다고 전해지는데, 경칩에 먹는 고로쇠 나무 수액은 '여자물'이라 해서 남자한테 더 좋고, 자작나무 수액은 '남자물'이라 해서 여자한테 더 좋다고 한다.

고로쇠라는 이름은 뼈에 이롭다는 뜻의 한자어 '골리수(骨利樹)'에서 유래하였다. 신라 말 도선국사가 백운산에서 오랫동안 좌선을 하다가 일어나려니 무릎이 펴지지 않아 나뭇가지를 잡고 일어나려다 가지가 부러졌다. 그 가지에서 물방울이 떨어지기에 마셨더니 신기하게 무릎이 펴져, 뼈에 이

롭다는 뜻으로 나무이름을 골리수(骨利水)라 불렀고 그 후에 고로쇠로 바뀌었다는 일화가 전한다. 물 한잔에도 음양의 조화를 생각한 옛사람들의 지혜가 느껴지는 이야기이다.

인간 몸의 60%, 지구 표면의 70%가 물로 구성되어 있으며, 태양의 90%도 수소로 이루어져있다. 심지어 우주의 75%도 수소라고 한다. 어느 곳에나 있는 물과 수소는 스스로 드러내지는 않지만 없어서는 안되는 중요한 요소이다. 물처럼 담담하게 21세기 한국음악의 거대한 물줄기가 형성할 수 있도록 첫 물방울 역할을 담당한 음악은 '가야금산조'일 것이다.

19세기 말 고종 때 출현한 '가야금산조'는 가야금을 가지고 산조(散調, 허튼가락)를 연주하는 기악독주곡이다. 산조의 출현은 서양음악에서 가장 기본이면서 폭넓게 사용되고 있는 소나타(Sonata, 연주하다)형식과 비견될 정도로 매우 중요한 사건이다. 오늘날 산조는 가야금뿐만 아니라 대금·거문고·해금·피리·아쟁 등 다양한 악기들이 산조를 연주하고 있으며, 서양악기에 해당하는 피아노·기타·바이올린·첼로 등으로 확대되고 있다. 현대음악에서 다양한 방법으로 새로운 음악형식을 시도하고 있으나, 아직까지 산조형식과 소나타형식을 넘지 못하고 있다.

가야금산조는 진양·중모리·중중모리·자진모리·휘모리장단으로 구성되며, 느리게 시작하지만 후반부로 갈수록 빨라지는 리듬감을 느낄 수 있다. 진양에서 울려오는 진중한 명주실의 울림은 중모리와 자진모리를 거쳐 휘모리로 이어지면서 열두 손가락의 현란한 파티가 펼쳐진다. 한 방울의 물에서 거대한 바다로 모여드는 물줄기의 소리에너지가 심장을 주무른다.

제비가 물고 오는 삼월삼짇날

'새타령'

CHAPTER 01

　　강남 갔던 제비가 돌아오는 삼월삼짇날은 봄을 알리는 가장 큰 명절이다. 이날은 장을 담그면 맛이 좋다고 하여 장을 담그기도 하고, 창포에 머리를 감으면 머릿결 소담하고 아름다워지는 효과가 있다고 한다. 그리고 꽃을 따라 날아드는 나비를 보고 운세를 점치기도 했다. 노랑나비나 호랑나비를 먼저 보면 소원이 이루어질 길조라 하고, 흰나비를 먼저 보면 부모의 상을 당할 흉조라고 생각했다.

　　삼월삼짇날처럼 우리의 명절은 홀수가 겹치는 날이 많다. 1월 1일(설

날), 3월 3일(삼월삼짇날), 5월 5일(단오절), 7월 7일(칠석), 9월 9일(중양절) 등이다. 홀수를 좋아하는 이면에는 과거부터 홀수를 신성시한 문화가 깔려있다. 홀수 중에서도 특히 삼(三)을 선호했기 때문에, 삼태극·삼족오·삼신할머니 등이 있으며, 간장·고추장·된장 등의 삼장은 우리음식문화의 가장 기본이며, 노리개를 만들어도 '이작'이나 '오작'이 아니라 '삼작' 노리개를 선호한다. 그리고 3.1독립선언문에는 33인이 등장하고, 각종 결의대회도 항상 만세삼창으로 끝이 난다.

오늘날에도 축의금은 삼만원, 오만원, 홀수로 내지 이만원, 사만원은 내지 않는다. 내기를 해도 삼세번을 해야 직성이 풀리고, 회의 의사봉도 세 번을 두드려야 가결이 선포된다. 그러나 중국은 짝수 2, 6, 8을 선호해서 축의금은 육만원, 팔만원 등으로 하고, 조의금은 오만원, 삼만원으로 한다고 한다.

우리음악에도 박(拍)을 세 번 쳐야 음악을 마치고, 악기편성에도 삼현육각이 있으며, 민속악에서는 장구로 음악을 시작할 때 '따따~딱'처럼 세 번의 소리로 연주를 시작한다. 민요에도 한해의 풍년을 기원하고, 산과 들에 꽃이 만발하는 봄을 노래한 '새타령'의 첫소절은 '삼월삼짇날'로 시작한다.

삼월 삼짇날 연자 날아들고,
호접은 편편, 나무 나무 속잎 나, 가지 꽃 피었다
춘몽은 떨쳐, 원산은 암암,
근산은 중중, 기암은 충충, 뫼산이 울어,
천리 시내는 청산으로 돌고,
이 골 물이 주루루루루, 저 골 물이 콸콸

삼월삼짇날 제비가 날아들고,
나비는 가볍게 훨훨 날고,
나뭇가지마다 꽃이 피고
먼 산은 아득하고,
가까운 산은 겹겹이 있으며,
기묘하게 생긴 바위는 여러 겹,
산에서 흘러내리는 물줄기가
골짜기를 휘돌아간다.

하늘의 기운을
땅의 기운으로 만드는

'농악'

CHAPTER 01

춘분(春分)은 부족하지도 넘치지도 않는 경계에 있는 절기이다. 이 시기는 24시간 중 12시간을 기준으로 밤과 낮이 바뀌면서, 음(陰)과 양(陽)이 균형을 이루고, 추위와 더위가 같아지는 기간이다. 새로운 변화의 기대감이 충만한 춘분은 자연이 인간에게 허락한 땅의 시간이 시작되는 출발점이다. 밤과 낮의 길이가 같고, 춥지도 덥지도 않아서 농사일을 하는데 가장 좋은 때이다. 봄보리를 갈거나, 씨를 뿌리며, 한해를 준비하는 시기이다. 낮의 길이가 길어지고, 기온이 올라가면서 형성된 따뜻한 기운이 땅속으로 스며들

면, 겨우내 얼었던 땅이 풀리고 농부들의 손길은 분주해진다.

그러나 '호사다마(好事多魔)'라는 말처럼, 좋은 일이 있으며, 나쁜 일도 있기 마련이어서 춘분을 전후해 많은 바람이 분다. "2월 바람에 김칫독 깨진다.", "꽃샘에 설늙은이 얼어 죽는다."는 속담과 '꽃샘추위', '꽃샘바람'도 꽃이 필 무렵에 몰아치는 추위가 겨울 추위처럼 매섭고 차다는 뜻에서 비롯되었다. 어촌의 어부들도 바다에 칼바람이 아직 남아 있기 때문에 고기잡이를 나가지 않고, 나가더라도 멀리까지 가지 않는다.

이시기에는 민들레, 씀바귀, 냉이 등을 된장이나 들기름 등에 무쳐서 먹었다. 달콤하진 않지만 쓴나물의 쌉싸름한 맛에서 힘든 겨울을 이겨낸 거친 생명력을 느낄 수 있다.

거친 농사일에는 예로부터 노동과 함께 노래가 있었다. 모를 심을 때, 김을 맬 때, 곡식을 수확할 때, 농사일과 함께 부르는 노래는 힘든 노동의 고통을 덜어주고, 일의 효율성을 향상시키는 역할을 하였다. 농촌사회에는 힘든 농사일의 여흥을 달래주는 노동요뿐만 아니라 마을 공동체의 결속력을 강화하고 맺힌 것은 풀고, 응어리진 것을 해소하는 농악(農樂)도 있다. 하늘의 기운에 감사하고, 땅의 기운을 다스리는 에너지가 농악(農樂)에 담겨있다.

농악에는 상모돌리기 · 열 두발 상모돌리기 · 버나 돌리기 · 부포놀이 등 연희가 있으며, 장구 · 북 · 꽹과리 등이 연주하는 타악기 리듬과 태평소의 카랑카랑한 음색의 선율이 있다. 농악은 듣고 보는 사람들에게 즐거움과 흥을 느끼게 하는 형태로 발달하였으며, 각 지역의 환경적 요인에 영향

머리에는 상모, 손에는 소고, 발에는 장단이 있는 '지빈뛰집기' 장면

을 받으며 형성되었다. 수도권지역의 평택농악, 충청도지역의 영동 강릉농악, 영남지역의 진주 삼천포농악, 그리고 호남지역의 이리농악과 필봉농악 등이 있으며, 이 외에도 다양한 특징을 가진 농악들이 전국에 산재해 있다. 소리와 몸짓으로 표현하는 집단예술의 성격이 강하게 작동하는 농악은 2014년 유네스코 인류무형유산으로 등재되었다.

    마을에 농악판이 펼쳐지면 한바탕 축제의 장이 만들어진다. 농악판에서 형성된 농악가락은 오늘날 사물놀이나 난타 등으로 일부 변화되어 현대인들에게 새로운 즐거움을 주는 대중 공연예술로 발달하였다. 고정된 틀에 얽메이지 않지만 무질서하지 않고, 주인공은 없으나 모두가 신 스틸러(Scene Stealer)의 능력으로 점점 빠져드는 몰입감을 최고조로 끌어 올릴 수 있는 것이 농악의 힘이다.

유월 염천을 날려버리는 '사물놀이'

CHAPTER 01

　　장마도 끝이 나고 뜨거운 불기운이 지면을 달구는 염천(炎天)의 계절이다. '유월 염천'이란 말이 있을 정도로 8월은 태양의 계절이다. 여름의 어원은 '너름'에서 왔으며, 날 일(日)과 어원이 같다. 여름을 몽골에는 '나라'라고 하는데 '나라'는 태양을 의미한다. 일본에서는 '나쓰'라고 한다. '나쓰'의 여름 하(夏)자도 태양과 연관있다. 한국과 몽골, 일본에서 여름을 태양과 연관 짓고 있으며, 붉은 태양의 강렬하고 뜨거운 에너지를 여름으로 표현하였다.

조선시대 왕실에서는 무더위를 대처하는 방법으로 신하들에게 단오선이라는 부채를 나누어주기도 하고, 한양의 얼음창고에 있는 얼음을 왕이 하사하기도 했다. 동빙고의 얼음은 왕과 신하가 사용하고, 서빙고의 얼음은 백성들에게 나누어주었다. 겨울철 강과 산속의 얼음을 채취하여 보관하다가 여름에 꺼내서 사용하였다.

부채와 얼음뿐만 아니라, 시원한 음식을 먹으면서 더위를 이겨내기도 하였다. 왕의 수라상에는 매일 시원한 얼음물에 담갔던 수박 1개와 참외 2개가 올라갔으며, 내의원에서는 꿀과 오매육, 백단향, 축사, 초과를 배합해 중탕으로 만든 '제호탕'을 왕에게 바쳤다. 영조는 '제호탕'을 신하들에게도 하사하였으며, '신하들이 관직의 우위에 따라 순서대로 한 잔씩 마셨다.'는 기록도 있다.

무더위를 물리치는 방법으로 부채와 얼음과 수박이 동동 떠 있는 시원한 화채, 그리고 기운을 북돋워 주는 여름철 대표 음식 삼계탕과 등골이 오싹 거리는 공포영화를 보면서 잠시나마 더위를 잊어보지만, 무더위를 미각과 시각으로 어찌할 수가 없다면, 청각을 이용해보는 것도 방법이다.

　　음악은 취향에 따라 다를 수 있으나, 여름에 생각나는 노래들은 경쾌한 리듬과 빠른 비트 그리고 어렵지 않은 노랫말에서 흥겨움과 시원함을 제공한다. 국악에도 더위에 지친 심신을 확 날려버릴 음악이 있다. 바로 '사물놀이'이다. 느리게 시작하지만, 점점 빨라지는 타악 장단의 리듬에 몸을 맡기면, 모든 것을 잊어버리게 하는 소리 에너지가 국악에 관심 없는 사람조차 집중하게 한다. 몰입과 집중은 더위를 잊게 하고, 흥분과 열정의 에너지는 더위를 물리치기에 충분하다.

　　여름에 불볕더위만 있다면, 어찌 견딜 수 있을까? 간간이 불어오는 산들바람과, 굵은 빗방울의 소나기 한줄기 그리고 파란 하늘의 뭉게구름이 있기에 붉은 태양을 즐길 수 있는 것이다. '사물놀이'에는 뜨거운 흥분과 열정만 있는 것이 아니다. 바람을 불러오는 징소리와 천둥소리의 꽹과리 그리고 구름을 만드는 북소리와 빗소리의 장구가 함께 어울려 심장을 마사지하는 소리가 만들어지는 것이다. 쇠와 가죽, 강함과 부드러움, 긴장과 이완의 음악 구조를 통하여 음양의 조화를 이룬다는 화려한 미사여구에 마음을 빼앗겨서는 안된다. '사물놀이'에 속하는 네 가지 악기가 전하는 소리에 귀 기울여 듣다 보면, 악기의 두드림이 바람과 구름, 천둥과 빗소리처럼 자연의 울림으로 무더위를 저만치 물리칠 수 있다.

함께여서 더 아름다운 '수룡음'

CHAPTER 01

칠월칠석(七月七夕)은 음양(陰陽)의 관점에서 보면, 양수(陽數)에 해당하는 홀수 7이 겹치는 날이기 때문에 좋은날로 생각한다. 또한, 칠월칠석은 견우와 직녀가 만나는 소통과 연결의 날을 의미한다. 평안남도 남포시 덕흥리의 고구려 고분 벽화에 견우와 직녀 설화를 표현한 벽화가 그려져 있는 것을 보면, 견우와 직녀 이야기가 한민족에게 오랜 시간 동안 각인되어 사라지지 않고 이어져 내려오고 있음을 알 수 있다.

칠석날은 무더위와 싸우며 진행한 농사일이 끝나는 시점이기 때문에

농사일로 저하된 기력과 부족한 수분을 보충해주는 음식들을 즐겼다. 수박과 복숭아를 이용하여 잣과 고명을 띄워 만든 화채는 갈증해소와 수분 보충을 해주었으며, 밀을 이용하여 국수와 전병 등을 만들어 먹었다.

견우와 직녀는 까치와 까마귀가 만든 오작교(烏鵲橋)를 통하여 만나는데, 판소리 〈춘향전〉에서 춘향과 이도령을 이어주던 광한루(廣寒樓)의 다리가 바로 오작교(烏鵲橋)이다. 견우와 직녀처럼 하나일 때보다 둘일 때, 더욱 잘 어울리는 경우가 있다. 국악기 중에는 대금과 가야금처럼 한 가지 악기소리로 널리 사랑받는 경우도 있지만, 서로 다른 음향적 특성을 가진 악기가 만나 조화로운 소리를 만드는 경우도 있다. 이중주 형태의 악기조합은 모두 가능하지만 단소와 생황, 단소와 양금 등이 대표적이다. 두 가지 악기가 연주하는 형태를 병주(倂奏)라고 하며, 단소와 생황이 함께 연주하는 것을 '생소병주'라고 한다. 그리고 이중주에 해당하는 병주와 달리, 노래와 악기연주를 한명의 연주자가 동시에 진행하는 것을 병창(竝唱)이라고 한다. 가야금병창·거문고병창·해금병창 등이 있다. 서양음악에서 기타나 피아노를 치면서 노래하는 연주방식과 유사하다.

단소와 생황의 절묘한 어울림을 연출하는 수룡음(水龍吟)은 '용이 물을 희롱하듯 읊조린다.'는 의미이며, 가곡(歌曲) 계면조의 평롱·계락·편삭대엽의 반주 선율을 기악곡으로 변주한 곡이다. 주로 단소와 생황의 이중주로 연주되지만, 양금을 편성하여 연주하는 경우도 있다. 국악기 중 장식음이 가장 많은 단소가락은 복잡하고 화려하지만 맑고 깨끗한 소리가 난다. 반면에 17개의 길이가 서로 다른 관대에서 들숨과 날숨에 의해 소리 나는 생황은 이국적인 울림으로 소리를 풍성하게 만든다. 양금의 한 줄은 네 줄로 이루어져서 음을 조율하기가 어렵고 철사줄이기 때문에 주변 온도에 영향을 받는 예민한 악기다. 그러나 조율과 주변 환경이 안정된 상황에서 청아한 양금의 철사줄 소리가 또렷이 들리면 가슴에 묘한 파장이 전달된다.

악기소리의 어울림을 넘어 느낌과 감성의 교감을 통해 서로의 내면을 이해하고자 노력한 중국 춘추시대 사람 백아(伯牙)와 종자기(鍾子期)의 일화에서 유래한 '지음(知音)'처럼, 함께 만들어가는 선율의 어울림과 서로 다른 악기가 연출하는 소통의 미학을 느낀다면,
용(龍)이 읊조리는 소리도 들을 수 있을 것이다.

생황
돌출된 구멍에 입을 대고, 들숨과 날숨을 이용하여 소리낸다.

나쁜 기운을 물리치는 '대취타'

 삼복(三伏)더위 중 가장 더운 시기가 말복(末伏)이다. 초복·중복·말복의 주기가 10일 간격으로 돌아오지만, 때론 중복에서 말복까지의 주기가 10일을 지나 20여 일이 소요되는 경우가 있다. 이것을 다른 말로 '월복(越伏)'이라고 한다. 월복은 무더위 기간이 길어진다는 것을 의미한다. 무더위 기간을 활력과 에너지로 충만하게 하는 방법은 없을까?
 최남선의 『조선상식(朝鮮常識)』에는 '서기제복(暑氣制伏)'이란 문구로 복날을 표현하고 있다. '서기제복'은 더운 기운을 제압한다는 의미이다.

여름의 더운 기운을 물리치고 제압하기 위하여 궁중에서는 신하들에게 빙표(氷票)를 발급하여 얼음을 지급하였으며, 민간에서는 계곡에 발을 담그는 탁족(濯足)을 즐기면서 더위를 이겨냈다. 또한 보양식을 섭취하면서 더위를 막는 풍속이 있었다. '복달임'이란 말은 복날 더위를 물리치기 위하여 고기국을 끓여 먹는 것을 의미한다. 닭과 고기뿐만 아니라 민어와 각종 물고기를 이용하여 보양식을 만들어 먹었다. 탁족과 보양식으로 더운 기운을 물리치는 방법은 현재도 진행형이다.

탁족과 보양식으로 몸을 충전하면서 더위를 물리친다면, 음악을 통해 나쁜 기운을 물리치는 경우도 있다. '크게 불고 때린다'는 의미의 대취타(大吹打)이다. 연주의 시작은 집사가 조선시대 지휘관의 지휘봉에 해당하는

등채(藤策)를 들고 "명금일하 대취타하랍신다~"라고 호령하면, 징을 한번 때리고, 용 그림이 그려져 있는 작은 북을 의미하는 용고의 가장자리를 두 번 '탁탁'치면 악기들이 다 함께 연주를 시작한다. 또한 집사가 등채를 들고, "허라금(喧譁禁)"을 외치면, 연주를 마치게 된다. 나각·나발·태평소 등의 관악기와 바라·용고·징 등의 타악기로 연주하는 곡에는 시원하고 경쾌한 느낌과 씩씩함이 있다. 대취타는 조선시대 왕이나 사신 등이 행차할 때 연주하는 행진 음악으로 사용되었다. 취타대(吹打隊)가 연주하는 대취타 소리에는 귀한 사람이 지나가는 길 위에 있을지도 모를 액운과 잡귀·잡신 등은 큰소리로 불고 때리는 소리를 듣고 조용히 물러가라는 의미가 있다. 즉, 악기소리를 통해 나쁜 기운을 물리치는 효능을 기대한 것이다.

취타대처럼 행진음악을 연주하는 악대편성이 외국에도 있다. 작은 피리와 북 위주로 편성된 고적대(鼓笛隊)와 금관악기 중심으로 편성한 브라스밴드(Brass band) 그리고 백파이프로 구성한 스코트랜드의 백파이프 밴드(Bagpipe band) 등 이다. 외국의 밴드들은 퍼레이드(Parade)에서 축제행렬을 이끄는 역할을 수행한다. 또한 밴드가 지나가는 길은 적막했던 거리에서 화려하고 활기가 넘치는 공간으로 변화되는 것을 느낄 수 있다. 밴드가 들려주는 소리에 긍정의 에너지가 담겨있는 것이다.

악기 편성과 연주하는 음악은 다르지만 소리를 통해 나쁜 기운을 물리치거나 긍정의 에너지를 전달하는 역할은 동일하다. 무더위에 음식은 몸을 건강하게 하고, 대취타는 나쁜 기운을 물리치는 치유의 효과가 있다.

가을을 기다리는 '하현도드리'

입추(立秋)는 가을[秋]로 들어서는[立] 절기를 의미한다. 이 시기는 한낮의 더위는 남아있지만, 아침과 저녁에 불어오는 선선한 바람에서 계절의 변화가 감지된다. "입추 때는 벼 자라는 소리에 개가 짖는다."는 속담이 있다. 곡식들이 성장의 속도를 내는 시기로 하루가 다르게 영글어가는 것을 빗대어 표현한 것이다. 쑥쑥 자라는 성장의 속도를 확인할 수 있는 옥수수는 입추에 먹을 수 있는 제철음식 중 하나이다. 산간지역에서는 주식으로 평야지역에서는 간식으로 이용되었다.

거문고 연주, 구윤국

여름에서 가을로 넘어가는 길목에 있는 입추처럼 우리 음악에도 변화의 시점에 있는 악곡이 있다. 현악영산회상 중에서 하현도드리(下絃도드리)이다. 도드리는 '다시 되돌아간다'는 의미로 한자는 환입(換入)이다. 그러므로 하현도드리와 하현환입은 같은 의미이다. 현악영산회상은 상령산·중령산·세령산·가락덜이·삼현도드리·하현도드리·염불도드리·타령·군악 등 9곡으로 구성된 모음곡이다. 또한 영산회상은 현악영산회상·관악영산회상·평조회상 등으로 구분되며, 하현도드리는 현악영산회상에만 있는 유일한 악곡이다.

현악영산회상 중 상령산은 낮은 음역에서 느리게 연주하고, 중령산에서 삼현도드리까지는 높은 음역으로 연주속도가 빨라지는 변화가 나타난다. 6번째 곡에 해당하는 하현도드리는 전체 4장으로 구성되어 있으며, 1장에서 2장은 상령산과 같은 낮은 음역으로 내려오고, 연주 속도는 다시 느려진다. 3장에서 4장은 낮은 음역에서 높은 음역으로 진행하면서 1~2장과는 다른 변화가 나타난다. 상령산에서 삼현도드리까지 변화해온 음역과 곡의 속도를 점검하고, 염불도드리에서 군악까지 높은 음역과 빠른 곡의 속도로 진행하기 위한 숨 고르기 과정을 통하여 앞으로의 변화를 암시하는 신호를 읽을 수 있다.

관현합주곡으로 감상하는 하현도드리도 멋있지만, 하현도드리의 진정한 풍미를 맛보려면 거문고 독주로 연주하는 하현도드리가 제격이다. 낮은 음에서는 거문고의 묵직함이 무겁게 느껴지지 않으며, 오히려 장중함으로 다가온다. 그리고 절제된 장식음과 술대의 타점에선 조급함이 느껴지지 않는다. 거문고로 연주하는 '하현도드리'에는 가을날 붉게 번지는 노을처럼 장중함과 여유로움이 묻어있다.

눈은 반짝, 귀는 쫑긋해지는 '천년만세'

  아침과 저녁의 큰 일교차로 인하여 차가운 이슬이 맺히는 시기가 한로(寒露)이다. 이시기에는 가을의 냄새가 물씬 느껴진다. 하늘은 눈이 시릴 정도로 맑고 푸르며, 깊은 숨을 들여 마실 때 느껴지는 폐부의 오싹한 차가움이 싫지는 않다.

  "한로가 지나면 제비는 강남으로 가고, 기러기는 북에서 온다."는 속담이 있다. 기러기와 관련된 한국악기는 가야금(伽倻琴)과 편경(編磬)이 있다. 가야금의 안족은 기러기발처럼 생겼다고 해서 이름 지었으며, 편경의

백아(白鵝, 흰기러기)는 청아한 기러기의 울음소리가 편경의 맑은 울림과 같다고 생각하였다. 실제 기러기의 울음소리가 아름다운지는 모르겠으나, 흰색의 외모가 맑고 깨끗한 이미지와 연관 있는 것으로 생각한다.

 수확과 풍요의 계절이지만, 다가올 겨울을 준비하는 시기이다. 한로에 특별한 세시풍속은 없으나, 옛사람들은 기운을 보충하기 위해 추어탕을 먹었다. '미꾸라지 추(鰍)'자는 '고기 어(魚)'와 '가을 추(秋)'자가 만나서 만들어진 글자이다. 미꾸라지는 머리를 검게 하고, 위장을 따뜻하게 하는 효과가 있다. 미꾸라지를 마치 가을 고기라고 생각하였기에, '추어'라고 불렀다. 또한 단백질과 무기질이 풍부하기 때문에 무더위에 지친 심신을 보충해주는 효과가 있다. 가을의 길목에서 기운 충전해주는 음식처럼 우리음악을 듣다가 지쳐갈 즈음 만날 수 있는 음악이 '천년만세(千年萬歲)'이다.

 천년만년 오랫동안 무병장수하길 바라는 마음이 곡 제목에 담겨있어, 느리고 지루한 음악으로 생각할 수 있으나, 예상치 못한 템포에서 빠른 속도감을 느낄 수 있다. 이 곡은 계면가락도드리 · 양청도드리 · 우조가락도드리 등 세 곡으로 구성되어있다. 전체적으로 느리게, 빠르게 그리고 마지막은 느리게 진행되지만, 양청도드리는 궁중음악 연주곡 중 가장 빠른 곡이다. '천년만세'만 연주되기도 하지만 현악영산회상 연주 뒤에 붙어서 연주하기도 한다. 상령산부터 군악까지 40여분 동안 이어지는 현악영산회상을 듣다가 만나는 경쾌하면서 빠른 템포의 '천년만세'는 눈을 반짝, 귀는 쫑긋 세우기에 충분하다. 관현합주의 대규모 편성으로 연주하기도 하지만 가야금 · 거문고 · 대금 · 피리 · 해금 · 장구 · 단소 · 양금 등이 어우러지는 소규모의 세악 편성과 일부 악기만으로도 연주가 가능하다.

057

가을고기 **추어탕**

차가움과
따뜻함이 공존하는

'국화야'

한로와 상강 사이에 중양절이 있다. 음력 9월 9일, 중양절에는 국화전(菊花煎)을 먹고, 국화술을 담그는 풍습이 있다. 중국 당나라 시기, 중양절에는 건강을 기원하고, 국화 이슬로 몸을 닦고, 귀신을 쫓고, 재난을 피하기 위해 국화주를 마셨다는 풍습에서 유래되었다. 국화의 둥근 모양과 밝은 색이 태양을 상징하는 것은, 양의 수 가운데 가장 큰 수 9가 겹치는 중양절과 궁합이 맞기 때문이다.

국화를 말려서 베개 속에 넣으면 두통에 효과가 있으며, 이불솜으로 넣

으면 국화향이 은은히 베어 나와 마음을 편안하게 한다. 유독 국화와 장수가 연관된 설화나 일화들이 많아서 국화주를 연명주(延命酒) 또는 불로장생주(不老長生酒)라고 한다.

조선의 유학자들은 매난국죽 가운데 하나인 국화가 서리를 맞으며, 피어나는 모습을 보고 기품과 절개를 지키는 의미의 '오상고절(傲霜孤節)'로 칭송하였다. 또한 햇빛을 좋아하는 성향으로 볕이 잘 드는 동쪽 울타리 밑에 국화를 심게 되면서, 동쪽 울타리 밑의 미인이라는 뜻으로 '동리가인(東籬佳人)'으로 불렀다. 국화의 '오상고절'을 표현한 이정보의 시조 '국화야'는 평시조의 담담하고 꿋꿋한 선율과 리듬에 얹혀 진행한다.

국화야 너는 어이 삼월동풍 다 지내고
낙목한천에 네 홀로 피었는다.
아마도 오상고절은 너뿐인가 하노라.

1947년 11월 9일 『경향신문』에 발표된 서정주 시인의 '국화 옆에서'는 현대적 감각으로 국화를 누님에 비유하면서, 국화의 새로운 감흥을 시적 언어로 표현하였다.

한 송이 국화꽃을 피우기 위하여

봄부터 소쩍새는 그렇게 울었나 보다.

한 송이 국화꽃을 피우기 위하여

천둥은 먹구름 속에서 또 그렇게 울었나 보다.

그립고 아쉬움에 가슴 조이던

머언 머언 젊음의 뒤안길에서

인제는 돌아와 거울 앞에 선

내 누님같이 생긴 꽃이여

노란 네 꽃잎이 피려고

간밤에 무서리가 저리 내리고

내게는 잠이 오지 않았나 보다.

가곡창법에 얹어 부르는 '국화 옆에서'는 시조와는 또 다른 국화의 느낌을 선사한다. 가곡은 관현악 반주에 맞추어 노래 부르며, 말은 짧게 소리는 길게 낸다. 발성은 복부에서 울려나오는 진정성이 가미된 소리와 꾸며내는 가성을 넘나든다. 그리고 가곡을 부르는 자세는 단정하게 앉아 흔들림 없이 정면을 응시하며 부르는데 그 모습이 국화와 닮아있다.

첫 눈과 큰 눈이 오면 생각나는 '군밤타령'

첫눈이 내린다는 '소설(小雪)'의 다른 이름은 '소춘(小春)'이다. 아직 한겨울은 아니고, 따뜻한 햇살이 비치므로 작은 봄이라는 의미로 '소춘'이라 한다. "눈은 보리의 이불이다."라고 하여 보리의 동해를 방지해주고, 풍년이 든다고 생각했다. 겨울을 준비하는 계절에 눈송이에도 봄을 떠올리는 옛사람의 여유와 재치가 느껴진다.

눈이 오면 설레임과 걱정 중에서 설레임이 먼저 떠오르면 청춘이라고 했던가. 도시에 내리는 큰 눈의 아름다움은 잠시 동안이고 교통체증과 사고의

원인이 되는 불편한 존재로 인식되기도 한다. 그러나 '소설'에 '소춘'을 느끼듯이, 예고 없이 다가오는 우연(偶然)이 무료한 일상을 즐겁게 할 때가 있다.

추운 겨울을 상징하는 눈을 보면, 화롯불에 고소하게 익어가는 군밤이 떠오르는 이유는 첫눈의 소담스러움을 소박한 미감으로 채우려는 본능이 아닐까? 미각뿐만 아니라 청각을 즐겁게 하는 '군밤타령'의 소리에 정겨움이 담겨있다.

> 바람이 분다 바람이 분다
> 연평바다에 어허 얼사 돈바람 분다
> 얼사 좋네 하~ 좋네 군밤이여
> 에라 생률밤이로구나

'군밤타령'을 모티브로 현대적 감각으로 재해석하여 만든 음악 '바람이 분다'는 악기 소리를 중심으로 '군밤타령'을 연주한다. 소금(小答)은 잔잔함 속에 숨어있는 날카로운 겨울바람의 느낌을 전해주고, 신디사이저와 가야금, 해금은 익숙한 '군밤타령'의 선율을 연주한다. 타악기들은 흩날리는 눈과 뜨거운 신명의 리듬을 젊은 음악언어로 들려준다. 민요와 현대감각으로 재탄생한 곡, 모두에서 첫 눈의 소담스러움과 큰 눈의 정다움이 담겨있다.

그리움과 애틋함이 묻어나는 '동짓달'

CHAPTER 01

　　일 년 중 밤이 가장 길고, 낮이 가장 짧은 날을 동지(冬至)라고 한다. 이날을 기준으로 낮의 길이가 다시 길어지기 때문에 중국 주(周)나라시대에는 태양이 죽음에서 다시 살아난 시기로 여겨서 한해의 첫날로 생각했다. 동지의 다른 이름은 작은설이다. 이 시기에 팥죽에 찹쌀로 빚은 새알심을 넣어서 나이 수만큼 먹는 것도 동지를 설로 여기던 풍습에 유래한 것이다. '동지팥죽'이란 말이 있을 정도로 동짓날 대표적인 음식은 팥죽이다. 붉은 팥의 색깔이 나쁜 기운을 막고 잡귀를 내쫓는 역할을 한다고 믿었기 때문에

팥죽을 먹기도 하고 대문에 뿌리기도 하였다. 또한 조선시대에는 이시기에 중국에 사신을 파견하는데 이것을 '동지사(冬至使)'라고 하였다.

 궁중에서는 설날과 동지를 가장 중요한 절기로 여겼으며, 이날 관상감(觀象監)에서는 달력을 만들어 궁(宮)에 바치기도 했다. 오늘날 달력을 선물하는 풍습도 여기에서 기원한다. 그리고 집안의 며느리들이 시할머니 시어머니 등 시댁의 여성들에게 버선을 지어 바치는 풍습도 있었다. 동지에는 그림자 길이가 가장 길어지기 때문에 신고 다니는 물건을 어른에게 드리는 것은 장수를 누리시라는 의미가 담겨있다. 동지부터 낮의 길이가 길어지기 때문에, 수명도 길어지길 기원하는 뜻이 담겨 있는 것이다. 새 버선을 신고, 길어지는 그림자를 밟고 살면 수명(壽命)이 길어진다고 믿었다.

 겨울밤이 깊어지는 시기에, 예전처럼 버선을 직접 만들 수는 없으나, 부모님과 사랑하는 사람에게 따뜻한 양말 선물도 좋을듯하다. 그림자 길이가 길어지는 것처럼 시조창(時調唱)은 소리를 길게 늘여서 노래를 부른다. 장구 또는 대금반주에 노래를 부르는 소박한 형태이지만 시조시를 노래하는 시조창에는 문학과 예술이 녹아 있다. 시조(時調)는 시절가조(時節歌調)의 줄임말이다. '시절가조'는 당시 유행하는 노래 즉, 유행가를 의미한다. 시조의 반대말이 구조(舊調)인 것을 보면 의미가 더욱 명확해진다.

 동짓달 긴긴밤에 사랑하는 임에 대한 그리움을 표현한 황진이의 평시조 '동짓달'에는 애틋함과 간절함이 담겨있다. 옛사람들도 좋아하는 노래가 남녀간의 애틋한 사랑이야기인 것을 보면, 예나 지금이나 정든 임에 대한 그리움은 한결같다.

동짓달 기나긴 밤을 허리만큼 베어 내여
춘풍 이불 아래 서리서리 넣었다가
어른님 오신 날 밤이거든 구비구비 펴리라.

CHAPTER
02

눈으로 듣는 우리악기

HEARING WITH THE EYES: TRADITIONAL KOREAN MUSICAL INSTRUMENTS

줄을 희롱하는 '줄풍류'

CHAPTER 02

    '풍류(風流)'의 등장은 『삼국사기(三國史記)』 진흥왕 조(條), 최치원(崔致遠)의 난랑비서(鸞郎碑序)이다. "나라에 현묘한 도가 있으니, 이것을 '풍류'라 한다(國有玄妙之道曰風流)."라고 기록되어있다. '풍류'는 종교·신앙·사상 등의 복합적의미로 사용되었으나, 시대를 거치면서 문화와 예술적인 정서가 포함된 의미로 통용되었다.

    줄풍류·대풍류·풍류방·풍류객, 풍류가야금 등 풍류와 또 다른 단어가 만나 새로운 의미가 부여된 단어들이 탄생되었다. 새로운 단어들의 등장은 풍류의 변화와 생명력을 보여준다. 오늘날에도 풍류마을, 풍류극장, 풍류사랑방 등의 새로운 단어가 만들어지고 이용되고 있다.

'풍류'의 사전적 의미는 '멋스럽고 풍치가 있는 일. 또는 그렇게 노는 일', '대풍류, 줄풍류 따위의 관악 합주나 소편성의 관현악을 일상적으로 이르는 말'로 정의된다.[01] 풍류행위가 행해진 실내 공간이 '풍류방(風流房)'이며, '율방(律房)'이라고도 한다.

풍류방 이전의 음악은 감성을 절제하는 수양의 도구로 이용되었다. 그러나 18~19세기에 등장한 풍류방음악은 인간의 감성을 표현하고 즐기는 음악으로 변화되었다. 서양도 종교음악이 지배하던 시기에서 18~19세기 살롱음악이 등장하면서 감상위주의 실내악이 활발하게 연주되었다. 즉, 풍류방과 살롱에서 연주된 음악은 인간중심의 음악을 의미한다.

조선후기 문화르네상스를 꽃피운 성장 동력은 풍류방에서 만들어졌다. 조선시대 제2의 문화중흥기를 이끌었던 '풍류방'에서 주로 연주된 음악이 줄풍류이다. 줄풍류에서 줄[絲]은 명주실 즉, 현악기를 의미한다. 현악

탁영금

가야금, 양금, 거문고로 편성한 줄풍류. 거문고 연주, 고보석

기 중에서 거문고가 중심인 음악을 줄풍류라고 한다. 가야금·거문고·대금·세피리·해금·장고 등으로 구성된 관현합주 형태이지만 소리는 작다. 왜냐하면 거문고의 소리를 넘어서지 않도록 음량이 작은 세피리를 사용하고, 대금도 저음역의 음을 주로 연주하기 때문이다. 줄풍류의 악기 편성은 악기 숫자를 확대하여 대규모 편성으로 연주하는 경우도 있으나, 한옥의 사랑방에서 소담한 구성으로 풍류를 즐기는 형태가 주를 이룬다. 단소와 양금을 편성하여 연주하기도 하였다. 풍류방 악기 구성은 상황에 따라 더하거나 뺄 수 있으며, 풍류방의 참석자와 연주 가능한 악기 구성에 따라 다양한 형태의 조합으로 풍류행위가 진행되었다. 유학자라고 반드시 거문고만을 고집하진 않았으며, 스스로 즐겨 연주하는 악기를 선택하여 연주하기도 하였다. 또한 풍류방에서는 음악만 연주한 것이 아니라 시를 짓거나, 그림을 그리고, 노래를 부르는 등 다양한 예술 활동이 이루어진 복합 문화공간으로 이용되었다.

「청성집(靑城集)」에는 유춘오 집에 모여서 풍류를 즐기는 모습이 기록되어있다.

> 담헌 홍대용은 가야금을 펼쳐 놓고, 성경 홍경성은 거문고를 잡고, 경산 이한진은 통소를 소매에서 꺼내고, 김억은 서양금의 채를 손에 들고, 장악원의 공인인 보안 또한 국수로서 생황을 불었는데, 담헌의 유춘오에서 모였다. 성습 유학중은 노래로 흥을 돋우었다. 교교재 김용겸은 연장자라 상석에 임하였다. 맛있는 술로 약간 취하자 중악이 어우러져 연주되었다.[02]

단원도(檀園圖), 김홍도 作

김홍도의 '무동도'에 숨겨진 비밀

'삼현육각'

CHAPTER 02

　　김홍도의 무동도(舞童圖)에는 춤추는 아이와 악사 여섯 명이 반월형으로 배치되어있다. 무용 반주 장면을 포착하여 그린 것이다. 김홍도의 예술 세계를 평가할 때, 배경을 생략하고 먹선의 간결성과 화면의 구도가 뛰어난 화가로 평가한다. 무동도에도 긴 소매 자락을 허공으로 흩날리며, 춤추는 아이의 모습이 화면 밖으로 뛰쳐나올 듯이 역동적이다.

　　춤추는 아이의 모습을 바라보면서 악사 여섯 명이 악기를 연주하고 있다. 피리 연주자만 2명이고 나머진 1명씩이다. 춤을 추는 무동을 여섯 명

무동도(舞童圖), 김홍도 作

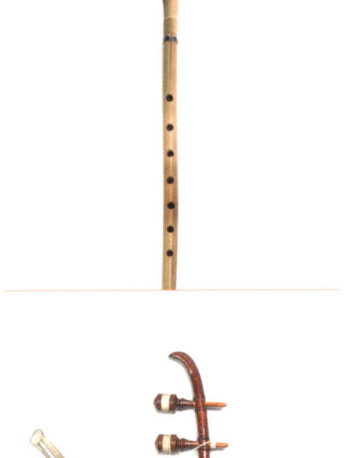

의 악사가 에워싸는 형상으로 좌고·장구·피리·대금·해금의 순으로 앉아서 무용 반주를 하고 있다. 이러한 악사편성을 '삼현육각(三絃六角)'이라고 한다. '삼현육각'은 '삼현'과 '육각'이 만나 이루어진 단어이다. '삼현'은 '새면친다' 즉 무용 반주를 한다는 의미의 전라도 사투리로 이해되며, '육각'은 여섯 명의 남자를 지칭한다. 삼현육각에 여자 악사는 없다. 그리고 악기 구성이 피리 두 명을 제외한 악기는 각각 한 개씩만 편성된다. 삼현육각은 대나무 악기가 중심이기 때문에 '대풍류', '관악영산회상' 등으로 부른다. 관악기가 이끌어가는 중심선율은 역동적인 에너지가 넘치는 음악을 선사한다. 대풍류 음악의 활기찬 에너지는 무용반주 음악으로 사용하기에 적합하여, 실내뿐만 아니라 실외에서 무용반주음악으로 사용되었다.

피리 | 세로로 잡고, 리드(Reed)를 입에 물고 불어서 연주한다.
해금 | 말총 활대를 두 줄 사이에 넣고 마찰시켜 연주한다.
장구 | 왼손은 손바닥 또는 궁글채를, 오른손은 대나무채를 쥐고 장구의 좌우측을 두드려 연주한다.

무동도에 그려진 악사의 모자와 복식을 보면, 장구·피리·대금 악사는 갓을 쓰고, 도포보다 소매의 폭이 짧은 두루마기형태의 옷을 착용하고 있다. 그리고 좌고·피리·해금 악사는 모자의 끝부분이 뾰족한 형태의 전립을 쓰고 소매의 폭이 짧은 두루마기형태의 옷을 착용하고 있으나, 피리와 해금은 쾌자를 착용하고 있는 것이 차이점이다. 조선시대는 착용하는 모자와 의상에 따라 신분이 구분된다. 악사의 모자와 의상이 다르다는 것은 악사의 소속이 동일한 곳이 아님을 알려준다. 전립 형태의 모자와 쾌자를 착용한 악사는 궁중에 속한 세악수 또는 취고수이며, 갓과 도포를 착용한 악사는 민간의 악사이다. 관청에 속해있는 악사와 민간의 악사가 함께 연주하는 장면이다. 즉, 국립기관에 소속된 연주자와 민간에서 자유롭게 연주활동을 하는 연주자가 특정한 행사에서 만나 함께 연주하는 것이다.

악기를 연주하는 모습도 일반적인 연주 자세와 다른 점이 발견된다. 좌고를 치는 악사는 북채 두 개를 들고 연주하고 있으며, 장구 악사는 바닥에 악기를 완전히 내려놓지 않고 무릎위에 장고가 걸쳐져있다. 현재 좌고를 칠 때는 북채 한 개를 이용하여 연주하며, 장구는 바닥에 내려놓고 연주한다. 그리고 해금 악사 왼손의 손등이 뒤집어져있다. 실제로 연주가 불가능한 연주 형태이다. 김홍도의 풍속화에서 손과 발의 모습이 다르게 그려진 것이 발견되지만 아직까지 명확하게 밝혀진 이유는 없다.

김홍도의 무동도에 숨겨진 비밀은 발견하였으나, 그 해답은 아직도 찾아가는 현재진행형이다. 김홍도의 해학과 순간 포착 능력이 발현된 무동도는 아마도 잠시 민간에서 아르바이트를 하고 있는 관청 소속의 악사와 민간의 악사가 어울려 무용반주하는 모습의 한순간을 그린 것이다.

무대 위의 카리스마(Charisma)

'박(拍)'

CHAPTER 02

 동물 무리에는 우두머리가 있으며, 인간사회에도 리더(Leader)가 있다. 그리고 배에는 선장이 있고, 버스에는 운전수가 있으며, 비행기에는 조종사가 있다. 복잡한 기계구조를 이해하고 작동원리를 배워서 상황에 맞게 효과적으로 운전하는 것은 선장과 운전수와 조종사의 역할이다. 어느 방향으로 움직이느냐에 따라 위험한곳 또는 안전한곳으로 이동하는 것이다.
 음악에서도 이와 같은 역할을 수행하는 사람이 있다. 그 사람은 여러 가지 악기소리를 조율하고 조화로운 울림을 이끌어내는 지휘자이다. 지휘

지휘자 역할을 수행하는 '박'

자의 악기는 오케스트라(Orchestra)이다. 지휘자의 지휘봉 또는 수신호에 따라 모든 연주자가 일사분란하게 움직이면서 만들어가는 선율과 리듬은 청중에게 감동의 음악을 선사한다. 지휘자의 음악적 해석에 따라 같은 곡일지라도 다른 느낌과 음색을 가진 새로운 분위기의 곡으로 표현된다.

한국음악에서 집박(執拍)은 오케스트라의 지휘자 역할을 담당한다. 집박은 박(拍)을 치는 사람을 의미한다. 지휘자에게 지휘봉이 있다면, 집박에게는 박이 있다. 박은 단단한 나무를 주재료로 사용한다. 화리(華梨)와 박달나무 등을 선호한다. 박은 얇고 긴 여섯 개의 나무조각의 형상으로 나무조각 윗부분에 구멍을 내고, 구멍사이를 가죽끈으로 연결한다. 나무조각들이 부딪히는 것을 방지하기 위하여, 엽전 모양의 동전을 나무조각 사이사이에 넣어서 가죽끈으로 연결한다.

궁중음악을 연주할 때, 중앙을 중심으로 붉은색 홍주의(紅紬衣)을 입은 악사들이 배치되고, 악사들을 정면에서 바라보는 위치에서 악사들의 오른쪽에 녹색의상 녹주의(綠紬衣)를 착용한 집박이 서 있다. 집박은 양손으로 박을 잡고 있으며, 위치는 가슴높이이다. 연주방법은 박의 나무조각을 왼손으로 잡고, 오른손으로 나무조각을 아래 방향으로 펼쳤다가 재빠르게 위쪽으로 펼쳐진 나무조각을 모으면서 짧고 강하게 소리를 낸다. 연주를 시작할 때에는 한 번, 마칠 때는 세 번, 그리고 무용의 장단이 변화할 때는 박을 한 번 친다. 연주의 중간이라도 음악이 정상적으로 진행되지 않을 때와 특수한 경우에는 박을 세 번 쳐서 연주를 중지시킬 수 있다. 민속악에서는 연주자의 일원으로서 참여하는 장구잽이가 장구소리와 장단의 조절을 통하여 지휘자 역할을 수행한다. 그러나 집박은 실제 악기를 연주하면서 참여하는 것이 아니다. 관리와 감독의 관점에서 연주단을 바라보면서 음악을 조율하는 것이다.

지휘자가 사용하는 지휘봉처럼 현란한 지휘기술을 선보일 순 없지만 간단명료하게 전달되는 박의 소리를 통하여 악사들을 감독하고 음악을 이끌어간다. 또한 지휘자는 오케스트라 중앙에 위치한 지휘단상에 올라서서 연주단을 음악적으로 관리한다. 즉, 지휘자의 힘이 강하게 작동하는 구조이다. 그러나 집박은 연주단 오른쪽에 위치하며, 집박을 위한 지휘단상은 없다. 연주자들과 동일한 높이에서 연주의 시작과 마지막을 함께 한다. 다만, 연주자는 앉아있고, 집박은 서 있는 것이 다를 뿐이다. 음악을 조율하지만 연주자에게 어느 정도 음악적 권한을 부여하는 것이다. 자유로움 속에 보이지 않는 틀이 형성되어 있는 것이다. 집박은 연주가 진행되는 동안 시종일관 무대 한 쪽에 조용히 서서 음악을 듣고 있지만 결정의 순간이 되면 단호하게 박의 울림을 통해서 일순간 음악을 지배한다.

박과 유사한 형태를 가진 아박(牙拍)은 궁중무용 소품으로 이용된다. 박과 모습은 비슷하지만 크기는 작다. 여성무용수 손에 잡히는 정도의 크기이다. 무용수가 양손에 들고 박자를 맞추면서 추는 아박무(牙拍舞)에 사용한다.

형과 아우의 우애
'훈과 지'

두부와 김치, 갈비와 냉면, 새우젓과 돼지고기 등 함께하면 좋은 음식들이 있다. 남자와 여자의 궁합처럼, 음식에도 찰떡궁합이 있다. 서로의 단점을 보완해주는 음식처럼, 한국악기에도 하나일 때보다 둘일 때 더욱 빛을 발하는 악기들이 있다. 형제간의 우애를 상징하는 관악기 '훈과 지', 왕과 왕비를 상징하는 타악기 '편종과 편경', 부부간의 화목함을 의미하는 현악기 '금과 슬' 등이다.

형제간의 우애가 좋음을 의미하는 꽃은 '아가위꽃'이며, 악기는 훈과

지이다. '아가위꽃'은 꽃이 서로 붙어서 피기 때문에 형제간의 우애가 좋을 때를 상징하는 꽃이다. '훈지상화(壎篪相和)'는 형과 아우를 '훈'과 '지'라는 악기에 빗대어 만든 사자성어이다. 형은 훈을 불고, 아우는 지를 연주하는 것이 조화를 이룬다는 것을 의미한다. 일제 강점기가 끝나고 상해임시정부 인사들이 국내로 귀국할 무렵에 중국의 관리가 한국과 중국의 우호관계를 유지하자는 취지에서 임시정부 관계자에게 '훈과 지'를 선물했다는 일화가 있다. '훈'과 '지'의 상징성을 알고 있는 정치인의 품위가 느껴지는 대목이다.

'훈'은 흙을 구워 원추형의 모양으로 만든다. 위쪽에 취구 1개와 앞면에 지공 3개, 뒷면에 지공 2개가 있다. 두 손으로 감싸 쥐듯이 잡고 취구에 입김을 불어넣으면서 연주한다. 흙을 구워서 만든 악기 '훈'은 부드러우면서 따뜻한 느낌의 음색을 지닌 악기이다. 이탈리아 악기 오카리나(Ocarina)도 '훈'과 비슷한 음색을 가지고 있으며 부드러운 소리가 특징이다. '지'는 대나무로 만든 30cm정도의 크기이다. 가로로 잡고 부는 악기이며, 악기 상단부에 어색하게 붙어있는 취구가 '의취(義嘴)'이다. 의수(義手)와 의족(義足)은 인위적으로 사람의 손과 발의 형상을 본떠서 만든 것을 의미한다. 의취도 취구를 인위적으로 붙여서 만든 형상이어서 '부리 취(嘴)'자를 활용하여 명칭을 만든 것이다. 이로 인하여 '지'의 다른 이름은 '의취적'이다. 대나무로 만드는 '지'는 카랑카랑한 음색을 가지고 있으나, 연주용으로 널리 이용되지 않는 악기이다. 궁중에서 제사음악 연주시 사용되는 악기이다.

혼자가 돋보일 때도 있고, 둘인데도 외로울 때도 있다. 그러나 함께라면 공유와 소통을 통해 조화의 가능성을 기대할 수 있을 것이다.

훈과 지

잎새가 들려주는 두 배의 여운

'풀피리와 쌍피리'

인류 최초의 악기로 추정되는 3만 5천년전 독수리 뼈가 독일 남부에서 발견되었다는 기사로 인해 고고학계와 음악학계가 떠들썩한 적이 있었다. 석기시대에 뼈로 만든 피리가 발견된 것이다. 한반도에서 가장 오래된 악기는 1961년 함경북도 선봉군 굴포리 서포항동에서 출토된 '뼈피리'이다. 기원전 2천년전 새의 다리뼈를 이용하여 제작한 것으로 추정되며, 13개의 구멍이 있다.

조류의 뼈를 이용하여 만든 고대 원시악기의 형태가 피리인 점이 주목

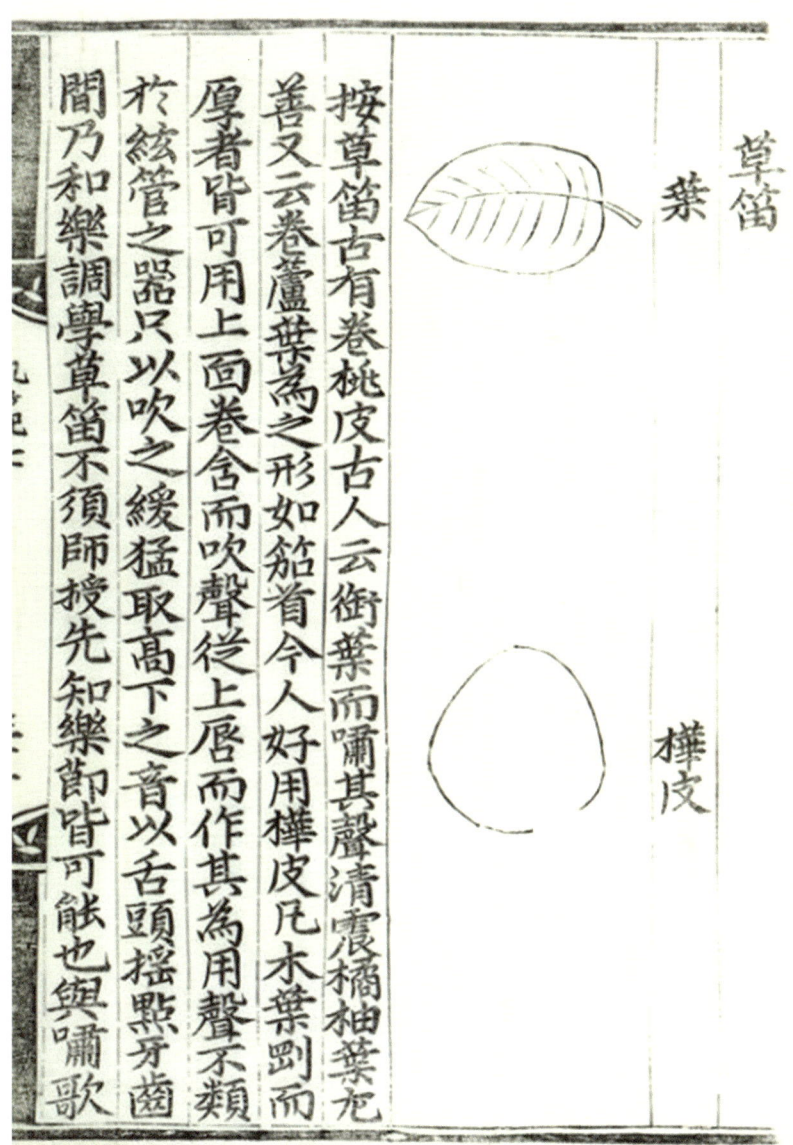

草笛

葉

樺皮

按草笛古有卷桃皮古人云銜葉而嘯其聲清震橘柚葉尤善又云卷蘆葉為之形如觱篥首今人好用樺皮凡木葉剛而厚者皆可用上面卷合而吹聲從上唇而作其為用聲不類於絃管之器只以吹之緩猛取高下之音以舌頭搖點牙齒間乃和樂調學草笛不須師授先知樂節皆可能也與嘯歌

쌍피리

된다. 조류의 뼈는 포유류의 뼈와 달리 조직의 엉성하며, 뼈 내부에 구멍이 형성되어 있다. 아마도 이런 특징 때문에 뼈에 구멍을 뚫기도 쉽고, 가벼워서 피리의 형태로 만들어진 것으로 추정된다. 그러나 피리의 길이와 구멍의 위치 등을 고려하여 악기를 제작하는 기술을 석기시대에 확보하였다는 것은 매우 놀랄만한 일이다.

인간이 만든 최초의 관악기 형태인 피리는 악기구조의 단순함과 재료의 자연성이 잘 어우러진 악기이다. 피리는 과거부터 현재까지 음악의 현장에서 애용되고 있다.

오늘날 한국음악에 사용하는 피리는 겹서(Double reed)를 진동시켜서 소리 내는 세로로 부는 관악기를 총칭하는 단어로 사용하고 있다. 현재 연주에 사용되는 피리의 종류는 음악의 종류와 악기의 형태에 따라 향피리·당피리·세피리 등으로 구분한다. 피리는 대나무 관대에 겹서를 꽂고, 겹서를 입으로 물고 조절하면서 부는 단순한 구조이다. 또한 풀잎으로 만들어 소리 내는 초적(草笛, 풀피리)과 피리 관대 두 개를 붙여 만든 쌍피리도 있다.

풀피리는 나뭇잎이나 풀잎사귀를 입술사이에 물고 소리 내는 관악기이다. 그러나 어릴 적 불었던 버들피리를 생각하고, 가볍게 생각한다면 오산이다. 조선 성종 1493년에 발간한 최고의 음악지침서 『악학궤범(樂學軌範)』에도 풀피리가 악기로 소개되어있다. 또한 궁중에 초적을 연주하는 악사를 배정할 정도로 풀피리를 정식 악기로 인식하였다. 풀피리는 연주 구멍이 없기 때문에 연주자의 절대음감과 입을 예민하게 움직여 연주한다. 연주자에게 고도의 집중력이 요구되는 민감하고 섬세한 악기이다.

쌍피리는 피리 두 개를 의미하지 않는다. 쌍피리는 대나무 관대 두 개를 하나로 엮어 만든 관악기이다. 그러므로 갈대로 만든 리드(Reed)도 두 개이다. 초적은 『악학궤범』에 소개되어있으나, 쌍피리 항목은 없다. 15세기 무렵 활발하게 연주되지 않아서 알려지지 않았거나, 일부지역에서 제한적으로 사용한 악기로 생각된다. 입은 리드 두 개를 동시에 물고, 손가락은 두개의 관대에 뚫려있는 지공을 동시에 막고 떼면서 소리를 낸다. 두 가지 음이 아닌 같은 음이 나는 것이 특징이다. 흡사 스코틀랜드(Scotland) 백파이프(Bagpipes) 소리와 같은 이국적인 울림이 나온다. 7세기 중엽에 만들어진 것으로 추정되는 고구려 고분 강서대묘 벽화에는 쌍뿔나발이 그려져 있다. 한명의 천인(天人)이 두 갈래로 휘어진 쌍뿔나발을 불고 있는 모습이다. 고구려인들이 쌍뿔나발을 이용하여 실제 연주하였는지 확인할 수 없으나, 쌍피리는 전승되고 있으며, 연주되는 악기이다. 현재는 강화도 지역의 향토악기로 알려져 있다.

풀피리와 쌍피리의 악기모습과 연주방법은 널리 알려진 관악기의 형태에서 많이 벗어나 있지만, 한국의 악기이다. 주변 환경 속에서 악기의 재료를 찾고, 외부에서 유입된 것은 변형하고 적용하는 현지화 과정을 거치면서 새로운 소리를 가진 악기로 탄생한 것이다.

큰 울림으로 세상을 덮어주는

'범종'

CHAPTER 02

    세계에서 가장 오래된 종(鐘)은 신라 성덕왕 24년(725년)에 제작된 상원사 동종이다. 천 년 전에 만들어진 종에서 전해주는 소리는 태고의 신비감마저 느끼게 한다.

    사찰에는 범종각(梵鐘閣)이 있다. 범종각은 불이문(不二門)을 지나 사찰 경내에 들어서면 법당 앞에 있거나 일주문 왼쪽에 있는 범종각을 발견할 수 있다. 범종각은 범종(梵鐘)을 달아 놓은 건물을 의미한다. 건물의 이름은 절에 따라 범종루·종각·종루라고 한다. 범종각에 걸려있는 범종은 서

양의 종과는 생김새와 소리 내는 방식부터가 다르다. 서양의 종은 종을 칠 때 종 내부에 쇠로된 추가 있어 내부에서 외부로 때려 소리가 난다. 음은 높고 멀리까지 전파되지 않는다. 종 주변 있는 사람들에게 전달될 뿐이다. 그러나 범종은 외부에서 나무로 제작된 당목(撞木)을 종 외부에 충격을 줌으로써 소리를 낸다. 마치 독을 거꾸로 매달아 놓은 형상으로 소리의 울림과 잔향음이 멀리까지 전파되는 효과가 있다. 부드러우면서 만물을 포용하는 범종의 울림은 느리지만 끊임없이 외부로 퍼져나가는 것이다.

서양의 종은 높은 종루 꼭대기에 매달려 있지만 한국의 범종은 지면과 가깝게 자리 잡고 있다. 높은 곳에 있는 종의 소리는 경각심을 유발하지만, 낮은 곳에 걸려 있는 종의 소리에서는 고요함이 느껴진다.

범종(梵鐘)의 '범(梵)'은 세상의 참된 진리를 의미하며, 순수하고 깨끗함을 상징한다. 그리고 '종(鏞)'은 '종 용' 또는 '큰 쇠북 용'으로 불리기도 하는데, 종(鐘)과 용(龍)은 무슨 관계이기에 범종(梵鐘)이 상상의 동물, 용에 비유되는 것일까?

종의 윗부분에 용의 형상이 위치한다. 용의 아홉 아들 중 셋째 포뢰(蒲牢)이다. 포뢰는 울기를 잘해서 울음소리가 우렁찼다. 고래를 무서워해서 고래가 오면, 놀라서 큰소리를 질렀다고 전한다. 그래서 종을 치는 당목(撞木)도 고래 모양의 나무이거나 고래뼈로 제작한다. 고래로 종을 때려야 소리가 크고 우렁차게 난다고 생각한 것이다. 국악기 중에도 북의 외면에 용이 그려진 경우가 있는데 이와 같은 이유가 포함되어있다.

옛사람들은 지옥중생에게 부처님의 범음(梵音)인 종소리를 전달하고자 하였다. 포뢰의 목소리처럼 크고 우렁찬 종소리를 갖기를 염원했던 것이다. 또한 종의 다른 이름으로 고래 경(鯨)자를 넣은 경종(鯨鐘)·화경(華鯨)·장경(長鯨)·거경(巨鯨) 등으로 사용한 것도 종이 더 크고 우렁차게 울리기를 바라는 생각이 반영된 것이다.

범종(梵鐘)의 윗부분에는 용모양의 고리가 있으며, 종을 거는 역할을 한다. 신라의 범종은 원래 한 마리의 용으로 되어있었으나, 후대에는 중국 종의 영향으로 조선시대 범종 중에는 두 마리 용이 있는 경우도 있다. 음통(音筒)은 소리의 잡음을 제거하고 사방으로 멀리 퍼져 나가게 하는 역할을 한다는 주장이 있으며, 에밀레종의 경우는 만파식적의 설화를 표현한 장식이라는 주장도 있다.

한국 종의 종유(鐘乳, 유두)는 아홉 개씩, 4군데에 위치한다. 중국 종에는 종유가 없고, 일본 종의 종유는 한국 종의 종유보다 많다. 종이 지면과 마주하는 부분은 항상 움푹 들어가게 해놓는데, 이것을 '명동(鳴洞)'이라고 한다. '명동'은 공명 효과를 배가시키는 기능을 담당한다. 중국 종이나 일본 종에서는 발견되지 않는 것으로 한국 범종의 특징이다.

범종뿐만 아니라 음악의 시작을 알려주는 특종(特鐘)과 왕을 상징하는 편종(編鐘)이 현재에도 연주되고 있다. 종의 형태는 다양하지만, 크고 멀리까지 우렁차게 울려 퍼지길 기대하는 마음은 같다. 고요한 호수 위에 돌을 던지면 동심원이 중심에서 외부로 끊임없이 생성되듯이 범종의 울림이 이어지길 염원한다.

문(文)을 가까이하고 무(武)를 멀리하는

'거문고'

CHAPTER 02

체신부에서 국악 악기 시리즈 우표(제1집-제5집)를 액면가 10원과 30원으로 발행한 적이 있다. 1974년부터 단계적으로 거문고·나각·어·축·교방고·아쟁·해금·소·편종·박 등의 국악기가 도안으로 사용되었다. 그 중에서 맨 처음 도안으로 채택된 악기는 거문고이다. 십원짜리로 이백오십만장이 발행되었다. 한국악기 중에서 거문고를 악기 시리즈 우표로 시작하는 의미를 정확히 알 수 는 없지만 미루어 짐작하건데, 백가지 악기 중 으뜸이라는 뜻의 '백악지장(百樂之丈)'의 영예를 가지고 있는 거문고를 자연스럽게 생각했을 것으로 상상해본다.

자연을 노래하고 마음 수양의 도구로 활용된 거문고는 유학자의 곁을 지켜준 친구이자 스승이었다. 자연을 대상으로 만든 음악 중 우리에게 친숙한 작품은 비발디가 작곡한 바이올린 협주곡 사계(四季)이다. 그의 나이 40세 무렵 1718년 경에 작곡되었다. 그러나 보길도의 아름다운 사계절을 노래한 윤선도의 어부사시사는 비발디의 사계보다 60~70년[1648~1658] 앞서 만들어진 노래이다. 고산 윤선도는 '고산유금'과 '아양'이라는 거문고를 즐겨 연주하였다. 유배지에서 거문고를 타면서 어부사시사를 노래하는 윤선도의 모습이 그려진다.

윤선도의 거문고 이외에도 전설의 명기들이 전하는데 그 중 하나가 '오공금(五孔琴)'이다. 오공금은 거문고 판에 구멍이 5개 있기 때문에 붙여진 이름이다. 조선 말기의 대표적인 풍류객 이풍익(李豊翼)은 대원군(大院君) 시절 대사간, 대사헌, 대사성을 지낸 인물로 '오공금'을 만들고 연주한 것으로 알려져 있다. 이풍익이 즐겨 타던 오공금은 대원군이 오공금과 감사(監司) 자리와 맞바꾸자 해도 내놓지 않았다는 일화(逸話)가 유명하다. 지금은 오공금 소리를 들을 수 없지만, 6줄과 5개의 구멍에서 울려나오는 거문고 소리를 상상하게 만든다.

거문고 여섯 줄은 저마다의 이름이 있다. 몸 안쪽으로 가까운 첫 번째 줄은 선비는 글을 가까이한다고 해서 문현(文絃), 손가락이 가장 많이 거쳐 가는 두 번째 줄은 손가락이 마치 줄 위에서 논다는 의미로 유현(遊絃), 세 번째 줄은 줄의 굵기가 가장 굵기 때문에 대현(大絃), 네 번째 줄은 괘 위에 줄이 놓여 있어서 괘상청(棵上淸), 괘 아래에 놓여있는 다섯 번째 줄은 괘하청(棵下淸), 그리고 여섯 번째 줄은 몸에서 가장 멀리 위치하며, 선비는 칼을 멀리 한다고 해서 무현(武絃)이다.

　　거문고와 기타는 연주방법이 유사한 악기이다. 거문고는 왼손으로 괘를 짚으며, 오른손에 술대로 줄을 때리고, 기타는 왼손으로 코드를 잡고 오른손에 피크(Pick)를 쥐고 줄을 튕기는 연주방법이 비슷하다.

거문고 大絃(대현)을 터니 ᄆᆞ음이 다 눅더니
子絃(자현)의 羽調(우조) 올라 막막됴 쇠온말이
셟기는 젼혀 아니호되 離別(이별) 엇디ᄒᆞ리

거문고 대현의 낮은음을 튕기니
그 소리에 마음 부드러워 지는 구나
자현(=유현)에 우조로 올라 막막조로 마치니
서럽지는 않으나 이별은 어찌하리.

『송강가사(松江歌辭)』 성주본(星州本), 송강 정철(鄭澈),

거문고의 주재료는 오동나무이다. "오동은 천년이 지나도 곡조를 간직하고 있다."는 조선시대 신흠(申欽, 1566~1628)의 시와 "오동나무만 보아도 춤을 춘다.", "오동 씨만 보아도 춤을 춘다."는 속담이 있는 것처럼 오동나무는 음악과 밀접한 관련이 있다.

그리고 풍수지리에서 산의 모양을 이야기할 때 부르는 명칭 중 '옥녀탄금형'도 거문고와 관련이 있다. '옥녀탄금형'은 옥(玉)같이 깨끗한 여자가 거문고를 타는 형국이라는 뜻으로 굉장히 좋은 자리를 의미한다. 옥녀가 거문고를 타면 모두가 춤추고 노래하기 때문에 이 위치에서는 성품이 고상하고 지혜로운 인물이 많이 배출된다고 한다. 좋은 곳에서 좋은 기운으로 좋은 일이 항상 일어나길 바라는 마음이 담겨있다.

옥동금

용의 울음
'젓대'

CHAPTER 02

'젓대'는 대금(大쪽)·저·대함 등으로 불리우며, 만 가지 파도를 잠재 운다는 의미의 '만파식적(萬波息笛)' 설화로 유명한 악기이다. 『삼국유사(三國遺事)』에 기록된 '만파식적'에 관한 내용은 감은사(感恩寺)가 완성된 이듬해, 동해 가운데 작은 섬 하나가 감은사 쪽으로 내려왔다는 보고를 왕이 듣고, 천문을 관측하는 사람에게 점을 쳐 보게 하였다. 그 결과 바다의 용이 된 문무왕이 신라를 지킬 소중한 보물을 내릴 것이라는 점괘가 나왔다. 신문왕이 기뻐하며 이틀 뒤에 이견대로 행차하였다. 그 곳에서 신문왕

산조대금 연주, 문주석

은 동해의 용으로부터 검은 옥대를 선사받았고, 섬 위에 솟아 있던 대나무를 베어다 만파식적(萬波息笛)이라는 신비한 악기를 만들었다는 내용이다.

　섬이 물결을 따라 오락가락하고, 대나무가 둘로 갈라지고, 용이 출현하며, 또한 젓대를 불면 적병이 물러가고, 전염병이 없어지고, 가뭄에 비가 오고, 장마에는 비가 그치는 등 상상 속에서 가능한 일이 현실세계에서 일어난 현상인 것처럼 묘사되어 있다. 젓대 소리로 적병을 물리치고, 전염병을 막고, 비가 오게 하는 신비한 힘을 지닌 악기이기 때문에 신라 사람들은 젓대소리를 '용음(龍吟)' 즉, 용의 울음소리로 생각하고 신성시하였다. 젓대의 악기재료 대나무와 관련된 이야기 중에는 "대밭이 망하면 전쟁 날 징조고, 죽장 짚고 넘어지면 부친상을 당한다."하여 대나무를 신성한 나무로 생각하였다.

　감은사 동쪽석탑 사리함에서 발견된 대금을 연주하는 주악상은 '만파식적' 내용에 더욱 힘을 실어준다.

　'젓대'는 가로로 잡고 부는 악기이며, 입을 대고 입김을 불어넣는 취구(吹口) 한개, 맑고 탁한 소리가 나는 청공(淸孔) 한개, 음정을 만드는 지공(指孔) 여섯 개, 음정을 조정하는 기능을 가진 칠성공(七星孔) 등으로 구성되어있다. 여러 구멍 중에서 가장 중요한 역할을 담당하는 구멍은 청공이다. 얇은 갈대 막을 붙여 취구에 불어 넣는 입김의 세기에 따라 얇은 갈대막이 가늘게 진동하면서 '젓대' 특유의 거칠지만 정감이 느껴지는 음색과 소리가 난다. 대나무에 갈대 막을 붙여서 소리 내는 관악기는 세계에서 '젓대'가 유일하다. 갈대에서 생산되는 갈대 속껍질을 '갈대청'이라고 한다. 음력 5월 단오(端午)를 전후하여 민물과 바닷물이 만나는 곳에서 자라는 갈대를 잘라 살펴보면 투명한 막이 형성되어 있다. 이것을 채취하여 찌고 말리기를 반복하면서 갈대 막의 탄력을 증가시켜 사용한다. 평상시에는 얇은 갈대청을 보호하기 위하여 금속재질의 덮개를 덮어둔다. 현재는 불순물 제거효과가 있는 은(銀)을 사용하여 덮개를 제작하기도 한다. 이것을 '청덮개'라고 한다. 연주 시에는 갈대청이 보이도록 덮개를 약간 제쳐서 사용한다.

악기재료가 되는 대나무는 속이 꽉 차있는 쌍골죽을 선호한다. 대나무 양쪽 옆면에 홈이 굵게 패여 있기 때문에 쌍골죽으로 부른다. 쌍골죽은 곧게 자라는 대나무의 일반적인 성질과 반대로 휘어져 자라는 돌연변이 대나무의 일종이다. 막힌 속을 파내고 휘어진 부분을 불로 가열하여 곧게 펴서 만든다. 다시 휘어지는 것을 방지하기 위해 곧게 편 대나무 마디 사이사이에 명주실을 여러 번 꼬아서 만든 줄을 감아둔다.

현재 대금은 두 종류가 있다. 정악대금과 산조대금이다. 정악대금은 궁중음악을 연주하거나 궁중무용 반주와 정가(正歌)반주에도 사용한다. 산조대금은 민속악에서 독주·합주·반주 등에서 다양하게 사용되며, 정악대금보다 길이가 짧고 크기도 약간 작다. 서양음악에서는 피아노 음에 다른 악기들이 음정을 조율하지만 한국악기 중에는 대금의 음을 기준음으로 생각하고 관현악기들이 음정을 조율한다.

정악대금

보헤미안의 기질을 가진 '날라리'

CHAPTER 02

 농촌 들녘에 내려앉은 붉은 노을처럼 번져나가는 소리가 있다. 저 멀리서 끊어질 듯 이어지면서 들려오는 소리에 귀가 쫑긋해지는 느낌을 느껴본 사람은 알 것이다. 야외에서 들을 수 있는 북·징·꽹과리 등의 타악기 소리와는 다른 선율을 연주하는 관악기 소리임을 직감한다. 한국악기 중에서 야외에서 선율을 연주하는 음량이 큰 관악기는 날라리이다. 한국악기 중에서 야외에서 즐겨 이용되는 악기이며, 소리가 크고 멀리까지 전파되는 효과로 인하여 농악대와 군악대에서 사용되었다. 농촌에서 농악(農樂)을 연

태평소

주할 때, 농악의 주선율을 담당하는 악기이며, 군대에서는 신호용으로 사용한 악기였다.

날라리는 한국악기 중에서 가장 다양한 악기이름을 가지고 있다. 날라리의 다른 이름은 태평소(太平簫) · 호적(胡笛) · 쇄납(瑣吶) · 쇄나(瑣嗦) · 새납 · 철적(鐵笛) 등으로 불리기도 한다. 별명이 많은 사람은 여러 가지 특징을 가지고 있으며, 다른 사람들에게 관심을 받고 있다는 것을 알 수 있다. 그러므로 악기의 다른 이름이 많다는 것은 사람들이 많이 애용하고 악기의 쓰임도 다양하였음을 추측할 수 있다. 날라리는 휴대가 간편하고, 야외에서 효과적으로 연주할 수 있는 장점이 있다. 몽골의 이동집 가옥 게르(Ger)도 가볍고 간단하며, 튼튼한 구조로 초원의 환경에 적합한 형태로 발전하였듯이, 야외에서 소리를 크게 내기위한 최적의 구조로 만들어져있다.

날라리는 동구(銅口), 관대, 동팔랑(銅八郎) 등 세부분으로 구성된다. 동구는 '구리로 만든 입'이란 뜻이다. 동구를 만든 재료가 구리이기 때문에 동구라고 한다. 리드(Reed)를 꽂아서 입을 대고 부는 곳이며, 리드는 갈대를 얇게 갈아서 사용한다. 몸통부분에 해당하는 관대는 대추나무, 산유자 등 단단한 재질의 나무를 사용하고 앞쪽에 7개의 구멍과 뒤쪽에 한 개의 구멍이 있다. 동팔랑은 구리로 만든 팔랑(八郎)이란 의미이다. 팔랑의 한자어를 해석하면 '여덟 명의 사내'를 의미한다. 한자어의 해석은 악기구조를 이해하는데 도움이 되지 못한다. 동팔랑을 음악적으로 접근하면, 여덟 명의 사내가 소리 지르는 것처럼 큰 소리가 나는 것을 의미하는 것으로 여겨진다. 즉, 소리의 음량을 키우는 역할을 담당하는 금속부분이 동팔랑이다.

태평소 이름이 처음 등장하는 기록은 정몽주(鄭夢周)가 지은 한시 '태평소'이며, 『포은집(圃隱集)』에 수록되어 있다. 태평소의 형상과 악기소리를 한시로 표현하였다. 정몽주 시 속에 묘사된 태평소의 지공은 6개이나 현재 태평소의 지공은 8개이다.

봉관에 금구 장식을 하였구나
구슬픈 가락이 울려나오고
외마디 소리가 높이 달을 흔드니
여섯 구멍에서 묘한 솜씨로
별을 꿰뚫는구나.

땅거미가 내려앉는 저녁 무렵, 재 너머에서 들려오는 날라리 소리에는 애틋함과 그리움이 배어있다. 기존의 관습과 틀을 거부하고 걸림이 자유롭게 자신의 삶의 살아가는 보헤미안(Bohemian)의 기질이 날라리에도 느껴진다. 사면이 막힌 실내가 아닌 사방이 탁 트인 공간에 어울리는 날라리 소리에는 자유로운 선율의 여유와 호기로움이 느껴진다. 그리고 무속음악에서 신명과 열정의 에너지를 전달하는 날라리에는 활기찬 흥의 에너지가 넘쳐난다.

기러기의
날개 짓을 잊게 하는

'비파'

CHAPTER 02

　　사찰 건축물에는 심오한 의미와 상징성이 감추어져 있다. 절 입구에 배치된 일주문(一柱門)의 기둥이 하나인 이유는 속세와 불가의 세계를 구분하는 의미가 있으며, 이 문을 통과할 때, 번잡한 마음을 하나로 모아서 들어오라는 상징성이 있다. 일주문을 지나서 만나는 천왕문(天王門)에는 무서운 얼굴의 거대한 사천왕(四天王)이라고 부르는 네 명의 천왕이 배치되어 있다. 네 명의 천왕을 배치한 까닭은 잡귀와 잡신 그리고 잡스러운 기운은 물러가라는 뜻이다. 사천왕 중 북쪽을 지키는 다문천왕(多聞天王)이 들

향비파

양산 통도사의 다문천왕과 비파

고 있는 악기가 줄은 네 줄, 악기의 윗부분이 굽어져 있는 '곡경당비파'이다. 어둠속에서 방황하는 중생을 구제하는 의미가 있다. 조선시대에는 과거에 급제하길 염원하는 마음을 담아 제작한 책거리 병풍에도 비파가 종종 등장한다. 또한 김홍도가 18세기 후반에 그린 '포의풍류도(布衣風流圖)'에서 선비가 연주하는 악기가 '곡경당비파'이다. 그리고 단원이 초가집에서 지인들과 거문고를 타며 풍류를 즐기던 한때를 그린 그림 '단원도(檀園圖)'에서 방 안에 걸려있는 악기가 '곡경당비파'이다.(77쪽. '단원도' 참조)

비파(琵琶)는 당비파와 향비파 두 종류가 있다. 우리나라 비파는 향비파로 부르며, 줄은 다섯줄, 악기의 윗부분이 곧게 되어 있으므로 '직경향비파'라고도 한다. 향비파는 신라시대 가야금, 거문고와 더불어 삼현(三絃)에 해당하는 악기이다.

비파를 연주할 때, 손가락으로 비파 줄을 내려치는 것을 '비(琵)', 반대로 올려치는 것을 '파(琶)'라고 하는 것에서 악기의 이름이 유래되었다. "비파 소리가 나도록 갈팡질팡한다."라는 속담은 바짓가랑이에서 비파 소리가 나도록 급하게 오고 가고 한다는 뜻으로, 어떤 일을 당해 어찌할 바를 모르고 쩔쩔매는 모양을 비유적으로 이르는 말이다.[03] 아마도 비파 연주자의 현란한 손놀림에서 연유한 표현이 아닌가 생각한다.

> 비파야 너는 어이 가고 오는 데마다 앵앵거리느냐
> 길쭉한 목을 비스듬히 당겨 안고
> 고운 손으로 배를 잡아 뜯거든 아니 앵앵거리랴
> 아마도 크고 작은 구슬이 옥쟁반에 떨어지는 소리는 너 뿐인가 하노라.
>
> 『청구영언(靑丘永言)』진본(珍本) 中에서

비파를 이야기할 때, 중국의 4대 미녀 중 한명인 왕소군(王昭君)을 이야기하지 않을 수 없다. 왕소군의 별명은 낙안(落雁)이다. '낙안'은 기러기가 떨어진다는 의미이다. 고향을 떠나는 왕소군이 말위에서 슬픔마음을 담아 비파를 연주하는데, 지나가던 기러기가 비파소리와 왕소군의 미모에 귀와 눈을 빼앗겨 날개 짓을 잊고 땅에 떨어졌다는 유명한 일화에서 유래하였다.

가냘픈 허리의 울림

'장구'

CHAPTER 02

"북 치고, 장구 치고"라는 말은 과거 풍각쟁이가 혼자서 북도 치고, 장구도 연주하는 모습에서 유래되었다. 비아냥거리는 말투로 혼자서 다한다는 부정적인 뉘앙스가 있었으나, 오늘날은 긍정의 의미로 한사람이 이일 저일을 모두 소화하면서 능력을 발휘할 때 사용되기도 한다.

장구(杖鼓)와 연관된 속담에는 "하여간 변죽도 좋다.", "변죽을 울리다." 등의 표현도 있다. "변죽도 좋다."는 의미는 '넉살 좋다' 뜻이며, "변죽을 울리다."는 바로 집어 말을 하지 않고, 둘러서 말을 하다라는 뜻이다. '변

죽'은 함경북도에서 사용하는 사투리로 '변두리'를 의미하는 단어이다. 장구에도 '변죽'이란 명칭이 있다. 장구의 오른쪽 채편 가죽의 변두리를 '변죽'이라 한다. 장구 가죽 중심에서 울려나는 저음의 묵직한 소리와는 대조적으로 장구채를 이용하여 변죽을 두드리면 맑고 깨끗한 소리가 난다.

장구는 악기 몸통 가운데 부분이 잘룩하게 들어간 모습이 마치 여인의 가냘픈 허리와 비슷해서 세요고(細腰鼓)라고도 한다. 그리고 장구의 가운데가 잘룩하게 들어간 모양이 마치 동그라미가 두개 붙어있는 형상이다. 9월초에서 10월말에 열리는 나무 열매 중에 열매의 모양이 장구의 울림통처럼 생겼다고 해서 이름 붙여진 나무가 '장구밤나무'이다.

장구의 왼쪽 가죽은 두꺼우며, 낮은 음이 난다. 오른쪽 가죽은 얇기 때문에 왼쪽보다 높은 음이 나며, 다양한 리듬을 만드는 역할을 한다. 왼손에는 궁글채를 쥐고 치며, 오른손은 손바닥이나 대나무채를 잡고 연주한다. 타악기이지만 장구 조이개를 이용하여 좌우로 이동하면서 제한된 음을 조율할 수 있다. 피아노 연주시 왼손은 화성을 넣고 오른손은 선율을 연주 하듯이, 장구의 왼손은 소리를 받쳐

주고 오른손은 다양한 리듬을 연주한다.

　장구는 다른 악기의 반주기능을 넘어서, 음악의 조율사로서 지휘자의 역할까지 담당한다. 한국음악에서 빠질 수 없는 매우 중요한 타악기이다. 민속음악에서는 집박의 역할을 수행하는 사람이 장구잽이이다. 장구의 신호에 따라 악기들이 일사분란하게 움직이는 것이다. 장구채로 변죽을 가볍게 '탁탁' 치면 일제히 연주가 시작된다. 또는 장구채로 장구의 복판을 '더러러러' 털어주면 음악을 마치기도 한다. 외국의 타악기 중에도 음악에서 중요한 위치를 차지하는 경우들이 있다. 중동 및 중앙아시아 지역에서 음악의 중심역할을 담당하는 타악기는 '도이라(Doira)'이다. '도이라'는 탬버린과 같은 구조의 타악기이다. '도이라'는 환고리를 의미한다.

　음악에서 다양한 역할과 기능을 담당하는 장구는 고구려 고분벽화에도 등장한다. 장구의 조상은 '요고(腰鼓)'이다. 벽화에 그려진 요고의 모습은 지금의 장구보다 크기가 매우 작으며, 양손을 이용하여 연주하는 모습이다. 타악기를 연주하는 경우에 채를 이용하여 가죽을 두드리는 경우가 많다. 대부분 북 종류에 해당한다. 그리고 작은 형태의 타악기들은 대부분 양손을 이용한다. 일부 예외적인 경우도 있다. 그러나 장구는 양손의 기능을 분리하여 한 손에 장구채를 사용함으로써 다양한 리듬 연주가 가능하게 되었다. 손을 사용하여 만드는 리듬보다 채를 사용함으로써 정교하고 미세한 리듬분할이 가능해짐에 따라 세계에서 유래가 찾기 힘들 정도의 타악 장단이 발달하게 되었다. 특히, 동해안별신굿의 장구장단은 연주하는 하지만 채보를 할 수 없을 정도의 다양한 박자분할과 리듬 위에 펼쳐지는 속도감은 장구를 한 차원 높게 발전시킨 일등공신이다.

타악기처럼 두드리는 현악기

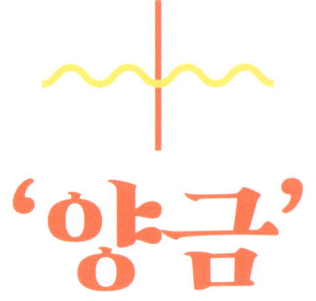

'양금'

관악기는 입으로 불고, 현악기는 손으로 뜯거나 튕기고, 타악기는 막대기를 이용하여 두드리는 것이 일반적인 연주형태이다. 그러나 양금(洋琴)은 현악기이지만 가느다란 대나무채를 이용하여 줄을 때리면서 소리 내는 타악기 연주방식을 채택한 악기이다.

한국악기의 주재료 명주실을 버리고 철사줄을 사용하여 금속성의 울림을 가진 양금은 조선후기에 한반도에 유입되어 풍류방 풍류음악에 사용

양금 중 조이개 부분과 곡철(曲鐵)

양금과 양금채

된 실내용 악기이다. 서양의 금(琴)이란 의미의 '양금', 구라파에서 온 철사로 된 금(琴)이란 뜻의 '구라철사금(歐邏鐵絲琴)', 철사줄로 된 금(琴)을 의미하는 '철사금(鐵絲琴)' 등 악기가 유입된 곳과 악기재료를 의미하는 내용이 악기명칭에 반영되었다.

『과정록(過庭錄)』에 수록된 연암 박지원과 담헌 홍대용의 양금과 관련된 일화에서 조선 최고의 풍류 파트너 연암과 담헌의 뛰어난 음악성과 연주능력을 발견할 수 있다.

연암 박지원은 음을 살핌이 정밀하였고 담헌은 더욱 악률에 밝았다. 하루는 선군이 담헌의 집에 있을 때 대들보 위에 구라철현금(歐邏鐵絃琴) 몇 벌이 있는 것을 보았다. 대개 중국으로 보냈던 사신에 의하여 해마다 우리나라에 들어오게 되었는데, 당시 연주할 수 있는 사람이 없었다. 선군이 시중드는 자에게 그것을 내리게 하니, 담헌은 웃으며 "연주할 줄 모르는데 무엇에 쓰려나?"

하였다 이에 선군이 작은 판으로 시험 삼아 연주하면서 말하기를, "그대는 다만 가야금을 가지고 와서 현을 따라 마주 앉아 연주하여 그것이 조화되는 지를 시험해 보지 않겠는가?" 하였다. 여러 번 연주하고 곡조를 맞추니 과연 합해져서 어긋나지 않았다. 이로부터 비로소 양금이 세상에 성행하게 되었다.[04]

명주실을 누르거나 당기면서 표현한 농현(弄絃)기법은 철사줄을 사용함으로써 사라졌다. 음을 흔들고 당기고 꺾는 주법을 사용하지 않지만, 금속성의 간결하고 명료한 음은 관현악기의 소리 속에서도 존재감을 나타내기에 충분하다. 양금의 한 줄은 미세한 네 가닥 줄로 이루어져 있다. 악기몸통 좌우측에 배열되어있는 쇠로된 조이개 4개를 모두 조율해야 한 개 음을 맞추는 것이다. 가느다란 대나무채를 이용하여 가볍게 줄을 두드려 연주한다. 외부에서 유입된 악기이지만 풍류객들과 기녀들의 사랑을 받은 실내악기로 정착하여 관현합주 음악이나 가곡반주, 이중주 등에 이용된다. 궁중악사들은 바닥에 내려놓고 연주하였으며, 민간의 기녀들은 무릎위에 올려놓고 비스듬히 세워서 연주하는 경우도 있었다.

양금 소리는 철사줄의 섬세하면서 강한 금속성이 사다리꼴 형태의 작은 나무 몸통에서 울려나온다. 풍류방 공간을 맑고 청아한 기운이 감도는 장소로 변화시키는 소리에너지가 느껴진다. 외부 온도에 영향을 많이 받는 악기의 특성상 제한된 공간에서만 사용된다. 그러나 자신의 장점을 최대한 활용하여 명주실의 소리가 대세인 공간에서 강렬한 존재감으로 자리매김에 성공한 악기이다.

익숙함과
어색함의 동거

'철현금'

CHAPTER 02

　　악기는 시간이 지나면서 시대적 환경과 연주자의 요구에 의해 변화하고 발전하거나 또는 실험적인 상태로 남겨지기도 한다. 정악가야금에서 산조가야금이 나오고, 대아쟁과 가야금에서 착안하여 소아쟁을 만들었다. 현악기 이동의 편리함을 위하여 가야금과 거문고의 몸통 중간부분을 절단하여 '절금(折琴)'의 형태로 사용하기도 하였다. 또한 줄의 재질을 변화시켜 명주실을 대체하여 나일론줄을 사용하거나, 12줄에서 17줄, 21줄, 25줄 등으로 줄의 수를 늘이는 방법도 동원한다. 악기를 둘러싼 여러 가지 시도들

A MULTI-SENSORY INTRODUCTION TO TRADITIONAL KOREAN MUSIC

철현금, 유경화

이 끊임없이 진행되어 왔다. 나아가 악기의 연주방법에 변화를 주기도 한다. 새로움을 추구하는 음악가와 청중의 요구를 반영하기 위하여 악기를 변화시키는 행위들은 계속 일어날 것이다. 현재의 어색함이 미래에는 과거의 전통으로 평가될지 알 수 없는 일이다.

현재의 어색함으로 다가오는 악기가 철현금(鐵絃琴)이다. 철현금은 '철'과 '현금'이 만나 이루어진 단어이다. 즉, 철로 만든 거문고로 해석된다. 철현금의 줄은 명주실이 아닌 금속성의 철사줄이며, 줄은 악기 몸통 위에 얹혀있다. 국악기 중에 철사줄을 사용하는 악기는 양금과 철가야금이 있다. 양금과 철가야금은 악기 외형의 변화 없이 줄의 소재만 다르다. 그러나 철현금은 줄의 소재뿐만 아니라, 악기의 외형이 이국적인 외모 때문에 처음 이 악기를 접하는 사람은 한국악기로 생각하기 쉽지 않다.

철현금 연주 유경화

한국악기를 분류하는 방법은 네 가지가 있다. 첫째, 음악의 형태에 따라서 분류하는 아악기·당악기·향악기이다. 둘째, 악기의 재료에 따라 금(金)·석(石)·사(絲)·죽(竹)·포(匏)·토(土)·혁(革)·목(木) 등 8가지로 분류한다. 셋째, 연주방법에 따라 관악기·현악기·타악기로 분류한다. 넷째, 발성원리에 따라 현명악기·공명악기·피명악기·체명악기로 분류한다. 첫 번째와 두 번째 분류법은 조선시대부터 사용한 악기분류 방법이지만, 세 번째와 네 번째는 서양악기 분류방법을 한국악기 분류방법으로 차용한 것이다.

철현금은 현악기 또는 현명악기로 구분할 수 있다. 1940년 말경에 중요무형문화재 제58호 줄타기 예능보유자 김영철이 거문고와 하와이안 기타의 장점을 흡수하여 만든 악기이다.

철현금은 8개의 철사줄과 24괘로 이루어져있으며, 오른손에 술대, 왼손에는 농옥(弄玉)을 사용한다. 술대를 이용하여 줄을 뜯거나 튕기고, 농옥을 사용하여 철사줄을 문지르듯이 흔들거나 눌러준다. 철현금을 이용한 연주의 영역은 민요와 무용 반주를 넘어, 현재는 산조(散調)까지 연주하고 있다.

산조(散調)의 한자어를 풀어쓰면 '허튼 가락'이 된다. '허튼'의 사전적 의미는 '쓸데없이 헤프거나 막된'이다. 산조 선율이 쓸데없이 헤프거나 막되어 들린다는 의미로 해석될 수 있으나, 구속되거나 얽매이지 않는 자유로운 음악을 지칭하는 의미로 이해하는 것이 바람직하다. 철현금 산조는 명주실과 오동나무에서 울려나오는 울림과는 다르다. 금속성의 거친 음색과 영롱한 울림이 명주실의 부드러운 소리와 비교하면, 익숙하지 않지만 어색하지 않은 묘한 어울림으로 다가온다.

CHAPTER
03

피부로 맛보는

우리풍류

PLACES AND CULTURAL HERITAGES OF TRADITIONAL KOREAN MUSIC

쌍계사의 보물

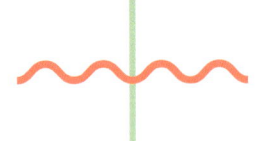

'진감선사대공탑비'

CHAPTER 03

　　유네스코 인류무형문화유산에 등재된 한국의 성악장르는 2003년 판소리, 2010년 가곡이 각각 지정되었다. 세계에서 유래를 찾기 힘들 정도의 수준 높은 예술성과 음악성을 인정받은 것이다. 민간의 소리 판소리와 유교문화가 반영된 가곡(歌曲) 만큼 중요한 노래가 불교 예술의 꽃 '범패(梵唄)'이다. 신라시대 한반도에 유입된 범패는 사라진 소리가 아닌 현재에도 전승되고 불려지는 현재진행형 노래이다.

　　범패에 관한 최초의 기록이 경상남도 하동군 화개면 운수리 지리산 쌍

쌍계사와 진감선사대공탑비

계사(雙磎寺)에 있는 국보 제47호 '진감선사대공탑비(眞鑑禪師大空塔碑)'에 남아있다. 쌍계사의 뜻은 산문밖에 두 개의 맑은 물길이 만난다는 의미이다. 비석에 새겨진 글의 내용은 신라 최고의 문장가로 손꼽히는 최치원(崔致遠, 857~?)이 작성하였으며, 글씨도 직접 썼다. 비석의 내용 중에는 진감혜소(眞鑑 慧昭, 774~850) 선사가 중국 당나라에 가서 범패를 배웠으며, 신라로 돌아와서 쌍계사에서 범패를 최초로 전파하였다는 기록이 있다. 또한 진감선사가 부른 범패를 평가하는 청중의 느낌이 잘 표현된 내용도 있다.

> 진감선사는 범패를 잘하여, 그 소리가 금과 옥 같았으며,
> 구슬픈 곡조의 노래는 상쾌하면서도 슬프고 또한 우아하였다.
> 능히 하늘의 부처처럼 몸과 마음의 기쁨을 느끼게 하였다.

인도 고대어에 해당하는 산스크리트어(Sanskrit)를 범어(梵語)라고 한다. '순수한 언어'란 의미이다. 그리고 '범패'는 '순수한 노래', '신성한 노래'라는 의미를 가지고 있다. 범패를 다른 말로 범음(梵音) 또는 어산(魚山)이라고 한다. '어산'은 진감선사가 산문 밖의 물길 속 물고기가 물속을 유유히 자유롭게 헤엄치는 모습을 보고, '범패를 부를 때는 소리가 자유롭고 강약이 조화를 이루어 유유히 흘러가듯 소리를 해야 한다.'는 설명에서 유래되었다고 한다. 실제 범패 악보는 정간보가 아닌 선율보로 되어있으며, 가사와 함께 높고 낮은 음들이 굴곡 있는 선율선으로 표기되어 배우지 않으면 도저히 부를 수 없다. 범패승들 사이에서 전해지는 매우 특별하고 신비로운 기운이 가득한 노래이다.

범패에는 천년의 울림이 담겨있다. 범패를 배우지 않은 사람들은 정확한 가사와 뜻을 이해하는 것은 매우 어렵다. 그러나 소리의 파동을 통해 전해지는 기운이 예사롭지 않은 것을 느끼는 시간은 그리 길지 않다.

그 옛날 쌍계사에 울려 퍼진 노래를 기억하며, 상스러운 기운을 간직한 '진감선사대공탑비'는 쌍계사 마당에 오늘도 묵직하게 자리하고 있다. 무거운 비석을 하단부에 받치고 있는 받침돌을 귀부(龜趺)라고 하는데, 거북이 형상을 하고 있기 때문에 받침돌의 동물을 거북이로 알고 있다. 그러나 거북이가 아닌 용의 아홉 아들 중 첫째아들 비희(贔屓)이다. 비희는 무거운 것을 들기 좋아하는 성격이기 때문에 큰 비석의 받침돌로 많이 사용하는 것이다.

천년 노래의 시작

'정과정'

'가곡(歌曲)'은 '곡조가 있는 노래'라는 뜻이다. '가곡'이라고 하면, 20세기 초 국내에 유입된 '오솔레미오', '아베마리아' 등과 같은 서양가곡으로 알고 있는 사람들이 대부분이다. 그러나 우리나라에도 서양가곡 못지않은 아름다운 가곡이 있다. 한국 가곡의 역사는 천년을 거슬러 올라간다. 부산은 가곡의 원류라 할 수 있는 '정과정곡(鄭瓜亭曲)'이 탄생한 곳이다.

고려 의종(毅宗, 1146~1170)때 정서(鄭敍)가 동래지역으로 유배를 와서, 정자를 짓고 오이(瓜)를 심어 스스로 호를 과정(瓜亭)이라 하였다. 이곳

정과정 시비

에서 자연을 벗 삼아 세월을 보내면서 의종을 그리는 애틋한 정을 읊은 노래를 불렀는데 이것이 '정과정곡'이다.

1610년 조선시대 양덕수(梁德壽)가 펴낸 『양금신보(梁琴新譜)』 즉, 양덕수가 만든 새로운 거문고 악보에는 가곡의 원형으로 만대엽(慢大葉)·중대엽(中大葉)·삭대엽(數大葉)을 제시하고, 만·중·삭(慢·中·數)은 모두 정과정 삼기곡(鄭瓜亭 三機曲) 중에서 나온 것으로 기록하였다. 그리고 만중삭(慢·中·數)은 노래 부르는 속도 또는 순서를 의미한다. '만'은 느리게 또는 첫째, '중'은 중간속도 또는 둘째, '삭'은 빠르게 또는 셋째에 해당한다.

가곡의 악곡명은 초수대엽·이수대엽·삼수대엽 등이 있다. 가곡의 악곡이름을 부를 때 한자어로 인해 혼동을 초래하기도 한다. 예를 들면 한자 '數'는 속도를 의미할 때는 '삭'으로 읽고, 순서를 의미할 때는 '수'로 읽는다.

이익(李瀷, 1681~1763)의 『성호사설(星湖僿說)』에는 당시 사람들이 빠른 노래만 좋아하고 느린 노래는 싫어한다는 내용을 기록한 대목이 있다.

> 만대엽은 너무 느려 사람들이 싫어하여 없어진지 오래이고,
> 중대엽은 약간 빠르긴 하나 좋아하는 이가 적다.
> 지금은 삭대엽만이 사용되고 있다.[05]

만·중·삭 중에서 가장 빠른 삭대엽의 속도가 60초에 정간보(井間譜) 네모칸 30칸을 가는 정도의 속도이다. 즉, 두 칸에 1초 소요되는 매우 느린 속도이다. 음악의 속도를 제시하는 기계, 메트로놈(Metronome)으로 감지할 수 있는 가장 느린 속도가 일분에 20인 것을 고려하면, 삭대엽을 부르는

느림의 정도가 느껴진다. 과거에서 현재로 올수록 노래의 속도는 점점 빠르게 변화하고 있다. 일상생활의 속도가 노래에도 반영되어 나타난 것이다.

현재 부산광역시 수영구 망미 2동 산7-2번지에 위치한 〈정과정 유적지〉는 부산광역시 지정기념물 제54호로 지정되어있다. 가곡의 역사를 이야기할 때, 매우 중요한 가치를 지닌 이곳에 다음과 같은 기록이 있다.

정과정 앞 경암과 보호수

과정(瓜亭)은 고려시대 문인 정서(鄭敍)의 호로, 정서는 유배지에서 임금을 그리워하는 정을 담은 정과정곡(鄭瓜亭曲)으로 유명하며, 이곳은 바로 그 유배지의 유적이다. 원래는 수영하수처리장에서 고려제강에 이르는 지역으로 추정되나, 망미 2동 산6-2번지 일원 약 1,240평 정도만이 원 지형을 간직한 녹지로 남아 있다. 이곳에는 경암(鏡巖, 용두곶)이라는 바위가 있고, 보호수 1그루와 1984년 토향회에서 건립한 정과정시비가 있다. 이곳은 문학사적으로나 역사적으로 매우 중요한 가치를 지니고 있다.

떡방아 찧는 소리가 들리는

'낭산'

낭산(狼山)은 경상북도 경주시 명활산(明活山) 앞에 있는 작은 산이다. 낭산은 야트막한 야산으로 나지막하고 평퍼짐하며, 동네 뒷산 정도의 규모이다. 그러나 작은 규모임에도 신라인들은 신령스러운 산으로 생각하였다.

『삼국사기(三國史記)』에 의하면, 실성왕 12년(413) 8월에 '낭산에 나타난 구름이 누각같이 보이고, 아름다운 향기가 사방에 퍼져 오랫동안 사라지지 않았다.'고 한다. 왕은 "하늘의 신령이 내려와서 노는 것임에 틀림없

낭산에 있는 신라 선덕여왕릉

다."라고 생각하고 낭산을 신령스러운 곳으로 여겨 나무 한 점 베지 못하게 하였다.

또한 낭산은 '백결선생(百結先生)'이 살았던 곳으로도 유명하다. 백결선생은 거문고로 방아를 찧는 소리를 내어, 음식을 주러왔던 이웃의 발걸음을 돌리게 하였다는 일화가 유명하다. 방아는 곡식을 찧을 때 사용하는 농기구로 여러 종류가 있으나, 가정집에 있는 방아는 규모가 작은 디딜방아이다. 디딜방아는 한 쪽에 나무공이가 박혀있고 다른 쪽 끝은 사람 인(人)자 모양으로 갈라져서 두 사람이 발을 밟을 수 있도록 만들어져있다. 디딜방아에 발을 올리고 힘차게 구르면, 쿵~쿵~ 거리는 소리가 나면서 곡식을 찧게 된다. 거문고 술대로 줄을 강하게 내려치는 소리가 이웃 아낙네에게는 마치

디딜방아에서 곡식을 찧는 소리처럼 들렸을 것이다. '백결선생'의 이야기는 『삼국사기』 '백결열전'에 수록되어있다. '백결'이란 의미에는 옷을 백번이나 기워 입을 정도로 가난했음을 상징한다.

> 백결선생이 어떤 사람인지 정확히 알 수 없다. 낭산 아래에 살았는데 집이 매우 가난하여 옷을 백 번이나 기워 입어 마치 비둘기가 거꾸로 매단 것처럼 의복이 너덜너덜 하였다. 그래서 사람들이 '백결선생'이라 불렀다. 중국 춘추시대 세속의 규범에 얽매이지 않고 자유로운 삶을 살다간 '영계기(榮啓期)'를 사모하여 거문고를 가지고 다니면서, 기쁨과 성냄, 슬픔과 즐거움 등 마음의 상태를 거문고로 표현했다. 어느 해 연말에 이웃동네에서 곡식을 찧었는데, 그의 아내가 절구공이 소리를 듣고 말하기를 "다른 사람들은 모두 곡식이 있어 방아질을 하는데 우리만 곡식이 없으니 어떻게 올해를 넘길까?"하였다. 선생이 하늘을 우러러 보며 말하였다. "대저 사람이 살고 죽는 것은 명이 있는 것이요, 부귀는 하늘에 달린 것이라! 오는 것은 거절할 수 없고, 가는 것은 따라 잡을 수 없는 것인데 그대는 어찌 마음 상해하시오? 내 그대를 위하여 절구공이 소리를 지어서 위로해 주리다." 이에 거문고를 타니 절구공이 소리를 내었다. 세상에 전하여져서 그 이름을 '방아타령'이라고 하였다.⁰⁶
>
> 「삼국사기」 권 48, 열전

낭산은 신라인의 성지이자, 신라의 대음악가 백결선생이 살던 곳이다. 또한 신라 27대왕 선덕여왕의 릉이 있는 곳이며, 대학자 최치원이 어린 시절 책을 읽었던 곳으로 알려진 독서당(讀書堂)이 있는 곳이기도 하다. 아직 관광지로 개발되지 않아 고풍스런 분위기와 소담함이 남아있다.

우륵의 열정과 연륜이 남아있는

'정정골과 탄금대'

CHAPTER 03

　　조선의 유학자 학봉(鶴峯) 김성일(金誠一)은 악사(樂師) 임환(林桓)에게 주는 시(詩)에서 가야금 소리를 통하여 신라의 대학자 고운(孤雲) 최치원(崔致遠)을 그리고 있다. 최치원은 말년에 가야산(伽倻山)에 들어가 가야금을 연주하면서 살다가 신선이 되었다는 이야기가 전하는 인물이다.

가야금을 형상화하여 만든 '**우륵기념탑**(고령군 소재)'

가야금 열두 줄은 남아 있으나
그 소리를 아는 사람이 몇 사람이나 될까
최치원이 떠나간 지 천 년 뒤에서야
너를 통해 그 소리를 듣게 되는구나."

가야금 소리가 천년의 시간을 지나, 학봉과 고운을 연결하였다면, 정정골과 탄금대는 천년의 공간을 이동하여, 악사 우륵의 열정과 연륜을 이어준다.

영험한 기운이 높은 곳 '고령(高靈)'은 높지 않은 산 능선을 따라 가야국의 고분들이 줄지어 늘어서서 도시를 내려다보고 있는 곳이다. 가야금(伽倻琴)은 '가야국의 금(琴)'이란 뜻이다. 가야금과 떼어놓을 수 없는 중요한 인물이 우륵(于勒)이다. 우륵은 고구려의 왕산악, 조선의 박연과 더불어 한국의 삼대 악성(樂聖)에 포함되는 인물이다.

경상북도 고령군 고령읍 쾌빈리에 위치한 정정골은 우륵의 열정적인 에너지가 남아있는 곳이다. 중국의 쟁(箏)을 참고하여 가실왕이 가야금을 만들었다. 가실왕은 새로 만든 가야금의 음악을 만드는 국가산업의 책임자로 가야국 최고의 악사 우륵을 선택했다. 우륵은 가실왕의 명을 받아 12곡을 작곡하였다. 우륵은 12곡을 만들기 위하여 가야지역의 토속노래들을 채집하고 가야의 궁중음악으로 사용할 수 있도록 수준 높은 음악을 만들기 위하여 노력하였을 것이다. 얼마나 열심히 하였던지 연습하는 가야금소리가 골짜기에 '정정' 울렸다고 하여, 붙여진 골짜기의 이름이 정정골이다. 우륵

12곡에 해당하는 악곡명은 전하지만, 실제 음악은 남아있지 않다. 그러나 우륵 12곡의 제목을 통하여 가야 지역의 토착성이 반영된 향토음악이었을 것으로 짐작한다. 예를 들면 밀양아리랑, 진도아리랑, 진주난봉가 등 지역명이 들어간 노래에는 그 지역 노래 선율의 특징이 반영되어 있는 것을 알 수 있기 때문이다.

탄금대(彈琴臺)는 충청북도 충주시 탄금대안길 6-4번지에 있으며, 국가 명승 제42호로 지정되어 있다. 우륵이 가야금을 연주하던 곳으로 알려진 장소이다. 나라의 기운이 기울어가던 가야에서 신라로 투항한 우륵은 신라의 궁중악사 계고, 만덕, 법지에게 음악과 노래와 춤을 가르쳤다. 그리고 고향에 대한 그리움이 생기거나 우울한 기분이 들 때면, 경치 좋은 장소를 찾아, 가야금을 타며 마음을 달래곤 했는데, 그곳이 지금의 탄금대이다. 탄금대에서 가야금을 연주하던 우륵의 심정을 헤아릴 길은 없으나, 나라 잃은 슬픔이 배어있는 가야금 소리에는 노악사의 음악 연륜이 담겼을 것이다.

탄금대 아래의 나루터는 우륵이 제자들에게 음악을 가르치다가 쉬던 곳이란 의미로 금휴포(琴休浦)라고 한다. 강 건너 마을인 가금면 창동리 창골에는 우륵이 가야금을 연주하면 그 소리가 들렸다 하여 청금대(聽琴臺)라 불리는 곳이 남아있다.

우륵은 정정골과 탄금대에서 젊은 시기와 노년을 보냈다. 지금은 그 옛날 우륵이 연주하던 가야금 소리는 흩어지고 앉았던 자리만이 남아있다. 소용돌이치는 역사의 현장에서 가야금과 함께한 열정과 연륜의 시간들이 있었기에 정정골과 탄금대를 통하여 지금도 우리는 우륵을 기억한다.

악공들의 고향
'장악원'

왕실음악기관의 존재는 국가에서 직접 음악을 관리한 것을 의미한다. 국가에서 직접 음악을 관장하였다는 것은 정치·경제와 더불어 음악을 국가통치의 중요 요소로 인식하였음을 의미한다. 음악을 통하여 나라의 어지러움을 파악하고, 나아가 음악을 이용하여 나라를 바로 세울 수 있다는 신념과 믿음이 없었다면 불가능한 일이다. 즐기기 위한 수단이 아닌 인간을 교화하고 정치를 바르게 펼칠 수 있게 하는 에너지가 음악에 있는 것이다. 이러한 이유로 음악을 체계적으로 관리하고 계승하는 것은 국가의 중요사

장악원 터

명이었다.

우리나라 최초의 왕실음악기관은 신라시대 '음성서(音聲署)'이다. '음성서'는 가야의 음악을 흡수하고, 신라의 독자적인 음악을 만드는데 중요한 역할을 수행하였다. 세상의 수많은 소리를 하나의 울림으로 통일하는 것은 나라의 영토를 확장하는 것만큼이나 중요한 일이었다. 신라의 '음성서'는 고려와 조선을 거치면서 기관의 이름은 변화하였지만 왕실음악기관의 역할과 위상은 변하지 않고 오늘날까지 계승되고 있다.

조선시대는 음악을 관장한다는 의미의 '장악원(掌樂院)'으로 존재하였다. 조선의 '장악원'은 오늘날 국립국악원으로 이어진다. 음성서에서 출발하여 현재 국립국악원으로 이어지는 국가음악기관의 전통은 세계에서 유례를 찾기 어려운 현상이다.

장악원 소속 악공(樂工)들은 어린 시절부터 궁(宮)에 끌려와 악기, 무용, 노래 등과 관련된 학습을 하였으며, 수련기간은 수십 년이 소요되었다. 조선시대 백성들이 부담하는 노역과 부역 그리고 군역 등은 일정기간이 정해져있으나, 악공으로 끌려가면 언제 집으로 돌아올지 기약이 없었다. 심지어 악공으로 끌려가지 않으려고 일가족이 야반도주하는 사례도 있었다. 악공의 화려한 모습 뒤에는 어두운 그림자가 짙게 드리워져 있다.

현재 장악원의 존재를 알려주는 표지석이 서울시 중구 을지로 2가 181번지 외환은행 본점 앞 화단에 위치하고 있다. 표지석은 지하철 2호선 을지로 입구(라)역 입구 오른편에 자리잡고 있다. 빌딩 숲에 가려진 작은 표지석에 주목하는 사람은 없다. '장악원 터'라는 표지석에는 "음악의 편찬 교육 행정을 맡았던 조선왕조 관아자리"라는 내용만이 이곳이 장악원 터였음을 알려주고 있다. 표지석조차 없었다면, 음악을 관장하고 왕실의 모든 행사에서 음악을 주관했던 장악원의 위상과 위엄을 상상하기 어려웠을 것이다.

조선시대 장악원은 신라시대 음성서부터 오늘날 국립국악원까지 이어지는 한국음악의 맥을 연결해준 중요한 기관이다. 또한 현재 감상할 수 있는 정악곡의 대부분이 장악원으로부터 출발하였기에 더욱 의미가 있다.

악공의 신분은 낮은 곳에 있었지만, 그들이 연주하는 음악은 최고의 음악이다. 음악에는 세상을 아름답고 조화롭게 만들 수 있는 에너지가 있다는 것을 악공들은 알고 있었을까?

장악원 터 임을 알려주는 **표지석**

젓대소리의 울림

'옥계폭포'

박연(朴堧, 1378~1458)은 고구려의 왕산악, 가야의 우륵과 더불어 우리나라 3대 악성(樂聖)에 포함되는 인물이다. 왕산악은 거문고를 우륵은 가야금을 잘 연주하였으며, 박연은 대금(大笒, 젓대)을 잘 불었다고 한다. 박연은 세종대왕을 도와 율관을 만들어 음의 기준을 정하고, 경기도 남양에서 채취한 경석으로 편경을 만들었으며, 조선 초기 궁중의 음악으로 아악(雅樂)을 정비한 인물로 음악이론가이자 행정가로 알려져 있다. 그러나 『용재총화(慵齋叢話)』에는 스승을 능가할 정도로 젓대 연주도 탁월했다는 기록이 있다. 음

악이론가 뿐만 아니라 악기연주자로서 이론과 실기를 겸비한 인물인 것이다.

청년 박연이 젓대연습을 하던 장소로 여겨지는 '옥계폭포'는 영동과 옥천에 걸쳐있는 달이산 남쪽 끝자락 영동군 심천면 옥계리에 있다. '옥계폭포'는 박연폭포(朴淵瀑布)라고도 한다. 폭포의 높이는 30여미터로, 중부지역 최고의 폭포이다.

『용재총화』에 의하면 그는 젊은 시절 젓대를 익힐 기회가 있었는데, 음에 대한 남다른 깊이가 있어 젓대 솜씨에 감탄한 마을 사람들이 '선수(善手)'라고 부를 정도였다. 음악을 제대로 익히기 위해 한양으로 올라온 박연은 음악에 밝은 광대를 만나게 된다. 그는 광대 앞에서 자신감 있게 젓대를 연주하였는데, 찬사는커녕 혹평을 들었다. "선비님의 젓대 소리는 음절이 야비하여 가락에 맞지 않습니다", "내 그간 마음대로 익힌 재주라 그렇소. 제대로 가르쳐준다면 필히 잘못된 습관을 고칠 것이오. 제발 내게 젓대를 가르쳐주시오." 양반의 간절한 부탁을 광대는 거절하지 못했지만 내심 그가 얼마 지나지 않아 포기할 것으로 생각했다. 물론 엉터리 주법도 고치지 못할 것으로 판단했다. 그러나 박연은 단 며칠 만에 잘못된 습관을 완벽하게 고쳤다. 박연의 천부적 능력을 높이 평가한 광대가 말했다. "선비님은 정말 가르칠 맛이 납니다." 그로부터 며칠 지나지 않아 광대가 혀를 내두르며 찬사를 쏟아냈다. "정말 완벽합니다. 곡조가 절실하고 소리가 깊습니다. 나로서는 선비님의 천부적인 감각에 미칠 수가 없습니다." 박연은 광대를 스승으로 모신 지 한 달도 되지 않아 그를 능가할 정도로 악기 연주에 탁월했다. 이후로도 거문고와 비파 등 여러 악기를 섭렵했는데, 그 솜씨가 가히 신기에 가까웠다고 한다.[08]

청년 박연에게는 특별한 젓대선생이 없었으며, 스스로 지역의 향토소리를 젓대로 흉내 내며, 폭포수 밑에서 연습을 한 것으로 생각된다. 젓대를 한번이라도 불어본 사람이라면 소리내기와 연주하기가 만만치 않은 악기임을 알 것이다. 한번 몸에 베인 연주자세와 연주 습관을 고치기는 매우 힘들다는 것도 느꼈을 것이다. 박연이 한양에서 젓대연주자를 만나 악기 배우기를 청하였으나 거절당한 것도 이러한 이유 때문이다. 그럼에도 불구하고 박연은 단시일에 젓대 연주의 나쁜 습관을 고치고 한양의 젓대연주자가 인정할 정도의 연주수준이 되었다는 것은 천부적인 재능과 후천적인 노력이 더해져 이룬 성과이다. 박연의 젓대 소리는 들을 수 없으나, 청년 박연을 기억하는 옥계폭포는 오늘도 시원한 물줄기를 선사한다.

박연이 젓대를 부는 모습을 형상화한 조형물. 저 멀리 옥계폭포가 보인다.

산 자와 죽은 자의 안식처

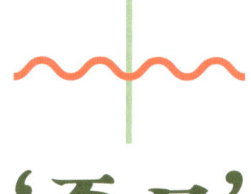

'종묘'

CHAPTER 03

조선시대는 예(禮)와 악(樂)을 국가 운영의 기본지침으로 삼았다. '예'는 질서를 표방한다. 상하 수직적 관계 즉, 임금과 신하, 남자와 여자, 노인과 아이 등의 관계에서 지켜야할 규범을 의미한다. 반면에 '악'은 조화를 추구한다. 수평적 관계 즉, 여러 가지의 악기들이 모여 합주를 할 때, 특정악기에 중심을 두지 않고 각자의 소리가 어울리는 것을 중시한다. 이와 같은 이치로 임금의 올바른 정치가 백성들에게 골고루 베풀어져야 함을 의미한다. 베를 짤 때, 씨줄과 날줄처럼 '예'가 씨줄이 되고 '악'이 날줄이 되어 질서와

종묘의 신도(神道)

조화를 균형 있게 표현한 예악사상의 멋스러운 옷을 입은 것이 조선이다.

조선 왕실에서 가장 중요하게 생각한 제례는 '종묘제례'였다. '종묘제례'는 '종묘제례악'과 더불어 2001년 5월 18일 프랑스 파리에서 열린 유네스코 회의에서 '인류구전 및 무형유산 걸작'으로 선정되었다.

종묘(宗廟)는 조선의 역대 왕과 왕비 그리고 공신들의 신위를 모셔 놓은 사당이다. 그리스에 파르테논신전이 있다면, 우리나라에는 종묘가 있다.

파르테논신전은 그리스 건축물 중 가장 위대한 건축물로 손꼽히는 신전이면서 그리스 정신을 집대성한 건축물이다. 아크로폴리스에서 가장 주목 받는 위치에 세워졌으며, 아테네의 수호여신 파르테노스에게 바쳐진 신전이다.

종묘는 조선시대 최고의 국가신전이면서 고요와 영원의 장소를 상징한다. 경북궁 근정전에 왕의 위치를 중심으로 왕의 왼쪽에는 종묘, 오른쪽에는 사직이 위치한다. 종묘는 왕실을 의미하고 사직(社稷)은 땅과 곡식의 신에게 제를 올리는 곳이다. 즉, 조선의 영토를 의미한다. 드라마 사극에서 신하가 왕에게 "종묘와 사직이 위태롭다."고 말하는 것은 조선의 왕실과 영토가 위태롭다는 것을 이야기하는 것이다. 조선의 역대 왕과 왕비 49위가 모셔진 정전은 단일 목조건축물로 세계최고이다. 파르테논신전이 안정된 비례와 거대함으로 보는 이를 압도한다면, 종묘는 반복적인 구조와 대칭으로 단순함과 절제미를 통하여 장엄함을 선사한다.

산자와 죽은 자가 하나의 공간 즉, 종묘에서 종묘제례악을 통하여 조화를 이룬다. 종묘제례악은 음악뿐만 아니라 노래와 무용을 포함하는 개념이다. 음악과 노래와 춤이 종합된 예술형태이다. 가톨릭에서는 죽은 자의 영혼을 위로하는 미사를 드릴 때 사용하는 음악으로 레퀴엠(Requiem, 진혼곡)이 있다. 사제가 미사를 봉헌하려고 입당할 때 부르는 입당송의 첫 구절은 "주여, 그들에게 영원한 안식을 주소서"라고 부른다. 경건함과 엄숙함이 노래 속에 담겨있다. 그러나 종묘제례악은 죽은 자를 위한 의식에서 악기가 연주되고, 노래하고 춤까지 춘다. 역대 왕들의 위업을 칭송하기 위하여 문덕을 칭송하는 '보태평'과 무공을 칭송하는 '정대업'을 연주하고 노래한다. 열을 지어 춤을 춘다는 의미의 일무(佾舞)는 각각 문무와 무무를 추게 된다. 문무에서는 약(籥)과 적(翟)을 들고 완만하게 추고, 무무에서는 검(劍)과 창(槍)을 들고 활달하게 춘다. 일무의 무용수는 신분에 따라 차등을 두는데 황제는 팔일무(64명), 제후는 육일무(36명), 대부는 사일무(16명), 사는 이일무(4명)로 구성된다. 현재 종묘제례에서 일무의 구성은 육일무가 아닌 팔일무를 춘다. 왜냐하면 조선시대의 왕은 제후에 해당하기에 육일무를 추었으나, 조선 말기 고종이 대한제국을 선포하고 황제의 자리에 올랐기 때문에 현재 종묘제례에서는 팔일무로 춤을 추는 것이다. 무용수의 숫자뿐만 아니라 황제와 왕은 여러 가지 차이점이 있다. 부르는 호칭에서 황제는 폐하(陛下), 왕은 전하(殿下)로 부른다. 계단 아래에 있다는 의미의 '폐하'와 전(殿) 아래에 있다는 의미의 '전하'로 부르는 것이다. 의복에서도 황제는 황금색을 왕은 붉은색을 착용한다.

    종묘에서 노래하고 춤추고 음악을 연주하는 것은 죽은 자에 대한 슬픔과 애도를 넘어서 과거의 시간을 현재의 공간에서 산자와 함께 공유하는 것이다. 커다란 거친 돌바닥에서 튕겨 나오는 편경과 편종의 울림이 기둥을 감싸 돌아가고, 대금과 피리, 해금의 소리가 종묘의 기와와 처마를 울리면, 깨어나는 조선 왕들의 거동을 느낄 수 있는 시간은 일생일대에 다시없는 소중한 기억을 각인시켜주기에 충분하다.

풍류의 아지트 '인왕산'

인왕산(仁王山)은 북악산의 서쪽에 있어서 조선 초기에는 서봉(西峰) 또는 서산(西山)으로 불렸다고 한다. 『광해군일기(光海君日記)』에 인왕산이라는 이름은 인왕사(仁王寺)가 있기 때문에 유래된 것이라고 밝히고 있어, 이미 조선 중기 이전에는 인왕산이라는 명칭이 정착된 것으로 보인다. 인왕산은 일명 필운산(弼雲山)이라고도 불렀는데, 이는 중종 때 명나라 사신으로 온 공용경(龔用卿)이 오른쪽에서 임금을 보필한다는 뜻으로 '필운(弼雲)'이라 한데서 유래된 것이다. 그러나 필운산이라는 이름은 정식 명칭이 되지 못하

고 필운대(弼雲臺), 필운동(弼雲洞) 등의 지역이름으로만 남았다.[09]

특히, 백악산(白岳山)과 인왕산(仁王山)을 배경으로 자리 잡은 북촌(北村)은 조선시대 문화와 예술의 중심지였다. 북촌에 거주하던 구성원들은 문화를 향유하는 이용자이자 동시에 풍류활동을 양산한 생산자이기도 하였다. 조선 후기 한양에는 문화예술 영역에서 다양한 전문가들이 등장하고 활동한 시기이다. 가객, 악사, 서화골동 애호가, 유랑 예인, 광대, 재담꾼, 기녀, 장애인 노래꾼, 노비 시인[10] 등의 인물들이 등장하여 조선 후기 문화와 예술을 풍성하게 만드는 요소로 작용하였다.

한양의 우대와 인근지역을 중심으로 시를 읊고, 음악을 즐기며, 노래하는 풍류 모임들이 있었다. 우대는 청계천 윗 지역으로 보통 경복궁 서쪽으로부터 인왕산 기슭에 이르는 지역을 말한다.[11] 우대 인근 풍광이 수려한 곳에서 풍류모임이 개최되었으며, 유행처럼 번져간 풍류모임들은 인왕산과 청계천 등지의 중인들을 중심으로 발달하였다.

장혼(張混, 1759~1828)은 『평생지(平生志)』에서 인왕산 옥류동에 위치한 버려진 헌집을 구입하여 조그마한 집을 짓고 옥류동에서 풍류를 즐긴 감흥을 다음과 같이 밝히고 있다.

홀로 머물 때에는 낡은 거문고를 어루만지고, 옛 책을 읽으면서 그 사이에 누웠다가 올려다보면 그만이고 마음이 내키면 나가서 산기슭을 걸어 다니면 그만이다. 손님이 오면 술상을 차리게 하고 시를 읊으면 그만이다. 흥이 도도해지면 휘파람 불고 노래를 부르면 그만이다. 배가 고프면 내 밥을 먹으면 그만이고, 목이 마르면 내 우물의 물을 마시면 그만이다. 추위와 더위에 따라 내 옷을 입으면 그만이고, 해가 지면 내 집에서 쉬면 그만이다. 비오는 아침과 눈 내리는 낮, 저녁의 석양과 새벽의 달빛, 이같이 그윽한 삶의 신선 같은 정취를 바깥세상 사람들에게 말해주기 어렵고, 말해주어도 그들은 이해하지 못할 뿐이다.[12]

풍류모임 중 '시사(詩社)'에서는 주로 시회 활동을 중심으로 이루어졌으나, 시회뿐만 아니라 자연을 감상하고 노래와 음악이 함께 전개 되었다. 매화점장단(梅花點長短)을 창안한 영조 때의 가객 장우벽(張友璧, ?~1809)도 인왕산을 중심으로 활동하였다. 장우벽은 인왕산에서 노래연습을 하였으며, 연습하던 곳에 서벽정(棲碧亭)을 세웠다. 서벽정은 현재 서울특별시 종로구 필운동에 위치한 배화여고 자리에 있다. 그리고 장우벽이 노래 부르던 곳을 가대(歌臺)라고 한다.

인왕산에는 또 한명의 명인이 있다. 조선 고종 시절 젓대 명인, 정약대이다. 정약대는 매일 인왕산에 올라 젓대로 연주곡 '도드리'를 불었으며, 한 곡조가 끝날 때마다 나막신에 모래를 한 알씩 넣어 나막신에 모래가 가득차면 돌아갔다. 그러던 어느 날 모래알이 담긴 나막신에서 풀이 자라더라는 이야기가 지금도 전설처럼 전한다.

인왕산 아래 가객과 금객 그리고 풍류객들이 모여 한판 벌이는 한양의 풍류가 그립다.

조선 최고의
스카이뷰

'필운대'

신촌 홍대입구, 압구정 가로수길, 이태원 경리단길, 강남역 등은 서울의 핫플레이스로 젊고 건강한 문화의 에너지가 넘쳐나는 공간들이다. 이곳을 찾는 사람 수 만큼이나 다양한 이야기들이 넘쳐나고 새로운 상황들이 전개된다. 공간이 주는 매력도 있지만 공간을 공유한 사람들과의 만남을 통한 마음의 교류가 차가운 콘크리트 도시를 조금이나마 따뜻하게 해주는 것이다.

어느 시대나 그 시대 사람들에게 사랑받는 공간을 있었다. 조선시대에 가장 핫한 장소는 어디 였을까? 여러 곳이 있겠지만, 조선 최고의 스카이뷰

를 자랑하는 곳은 '필운대'이다.

'필운대'는 조선시대 한양성을 한눈에 볼 수 있는 최고의 자리이다. 조선의 풍속과 주요한 행사를 소개한 『동국세시기(東國歲時記)』나 한양의 역사를 간략히 설명하는 『한경지략(漢京識略)』 등의 문헌에는 "필운대 아래에 거주하는 민가에는 모두 꽃을 심어 인왕산의 분위기와 조화를 이루어 봄이면 시를 짓는 선비와 가객 그리고 풍류객들로 북적거렸다."는 기록이 있을 정도로 인기 있는 풍류의 장소였다. 풍류객과 가객 그들이 많이 찾아와서 풍류를 즐겼기 때문에 '필운대풍월(弼雲臺風月)'이란 말이 생겨날 정도였다.

풍류객들은 관념적이고 추상적인 시보다 자연에서 보고 듣고 느끼는 솔직한 심정을 가식 없는 표현으로 시에 담아 그대로 표현하였다. 조선 헌종 10년(1844)에 한산거사가 지은 가사집 '한양가(漢陽歌)'에는 18세기 후반~19세기 말 한양의 활기 넘치는 풍경과 음악에 관한 내용이 나타난다.

금객(琴客) 가객(歌客) 모였구나

거문고 임종철(林宗哲)이, 노래에 양사길(梁四吉)이, 계면에 공득이(孔得伊)며

오동복판(梧桐腹板) 거문고는 줄 골라 세워놓고

치장(治粧) 차린 새 양금(洋琴)은 떠난 나비 앉혔구나

생황(笙簧)·퉁소·죽장고(竹杖鼓)며, 피리·저·해금(奚琴)이며,

새로 가린 큰 장구를 청서피(靑鼠皮) 새 굴레에

홍융사(紅絨紗) 용두머리 단단히 죄어 매고

태극 그린 큰북 가에 쌍룡(雙龍)을 그렸구나.[13]

금객과 가객들이 모여 풍류 한판을 벌이는 직전의 장면이다. 당대의 유명한 연주자의 실명과 악기의 구체적인 모습을 사실적으로 묘사하고 있다.
　　거문고의 안족을 옮기면서 음정을 맞추고, 피리에 침을 묻혀가며 리드를 벌려 소리를 내는 행동과 해금 활대에 송진을 바르고, 장구가 '더덕' 시작 신호음을 주는 행동은 합주를 준비하는 음악가들의 풍경이 그려진다.

　　조선 최고의 전망을 자랑하는 '필운대'는 권율(權慄, 1537 ~ 1599) 장군의 사위인 명재상이자, 오성과 한음의 일화로 유명한 이항복(李恒福, 1556 ~ 1618)이 집터를 잡았던 곳이다. '필운대'라는 글씨가 지금도 암벽에 남아 있는데, 필운은 이항복의 호(號)로 그가 직접 암벽에 새긴 것으로 추정된다. 그리고 19세기에는 유명한 가객 운애(雲崖) 박효관(朴孝寬)과 안민영(安玟英)이 수많은 가객들과 교류하고, 풍류를 즐기던 곳이다. 『해동가요(海東歌謠)』, 『청구영언(靑丘永言)』과 더불어 우리나라 삼대 가곡집에 해당하는 『가곡원류(歌曲源流)』(1872)는 필운대에 위치한 '운애산방(雲崖山房)'에서 탄생되었다. 운애산방은 박효관의 집이다. 그러나 지금은 서울특별시 종로구 필운동 9번지, 배화여고 뒤쪽 구석 쓰레기 소각장 옆에 초라한 모습으로 남아있다. 암벽에 새겨진 '필운대' 글씨만이 과거의 화려했던 모습을 떠오르게 한다.

정치와 풍류가 있었던 곳

'운현궁'

CHAPTER 03

서울특별시 종로구 운니동에 있는 '운현궁(雲峴宮)'은 흥선대원군의 개인 저택으로 고종이 출생하고 자란 곳이다. 운현궁은 궁궐이 아님에도 불구하고 궁궐보다 더 큰 위세를 누렸던 장소로 알려져 있다. 궁궐 뒤에서 막강한 권력을 행사한 정치의 공간으로 사람의 입에 자주 오르내린 곳이다.

'운현궁'의 주인 흥선대원군 이하응(李昰應, 1820~1898)은 정치뿐만 아니라 예술에도 상당한 내공을 보유한 인물이었다. 사군자 중 특히, 난초

를 잘 그렸기 때문에 이하응의 호, 석파(石坡)를 따서 '석파란'이란 말이 생길 정도였다. 추사 김정희에게 영향을 받았으나 말년에는 자신만의 예술세계를 구축하여 새로운 일가를 이룬 인물로 평가된다. 그림뿐만 아니라 가곡(歌曲)에도 조예가 깊었다. 홍선대원군과 그의 맏아들 이재면(李載冕, 1845~1912)은 가곡과 깊은 인연이 있다. 『가곡원류』를 편찬한 박효관과 안민영과 교유하면서 풍류와 가곡을 즐겼다 『가곡원류』에 수록된 안민영의 시조 작품 중에 홍선대원군과 이재면의 무병장수를 기원하는 내용이 있다.

> 꽃이 웃을 수 있다면,
> 도리어 일이 많을 것이요,
> 돌은 말을 못하나,
> 못하기에 사람들의 사랑을 받는 것이다
> 지금 돌로써 호(석파와 우석을 지칭)를
> 삼아 못내 즐기 하노라."

작품에 등장하는 돌은 홍선대원군의 호가 '석파(石坡)', 이재면의 호가 '우석(又石)'이기 때문에 의인화하여 표현한 것이다. 또한 안민영이 지은 시조집 『금옥총부(金玉叢部)』에는 '홍선대원군과 그의 아들 이재면은 장단을 잘 쳤다.'는 기록도 있다. 당대 최고의 시인묵객들이 모여든 '운현궁'의 사랑방은 난을 치고 가곡을 들으며, 정치와 풍류가 넘치는 풍류의 공간이었다.

그러나 후일에 드러난 이재면의 친일행적은 개운치 않은 뒷맛을 남긴다. '운현궁'의 '운현'은 '구름재'로 해석된다. '구름재'라는 이름처럼 수많은 사람들이 구름같이 모였다가 흩어지는 이곳에서 "붉은 꽃은 십일을 가지 않고, 권력은 백년이 가지 않는다."는 말이 떠오르는 것은 기분 탓일까? 정치를 하는 사람들에게 요구되는 무거운 책임감과 역사의식 그리고 높은 도덕성을 다시 한 번 생각하게 하는 곳, 운현궁이다.

거문고소리에 깨어나고 매화향이 감도는

'도산서원'

경상북도 안동시 도산면에 위치한 도산서원은 퇴계가 생전에 제자들을 가르치던 도산서당 영역과 사후에 제자들이 건축한 도산서원으로 구성되어 있다. 퇴계는 서당 동쪽에 샘을 파고 '몽천'이라고 하였으며, '몽천' 위쪽 산기슭에는 매화·대나무·소나무·국화를 심었다. 검소한 성품과 자연과 하나 되고자 하는 생각은 건물에도 반영되어 간결한 모습으로 남아있다.

퇴계는 유학자로 최고의 경지에 이른 인물로 알려져 있으나, 책만 본 것은 아니며, 가슴 따뜻한 감성도 풍부한 인물이다. 매화를 사랑하고, 거문

고 음률에도 일가견이 있었다. 특히 퇴계의 매화사랑은 각별하여, 한양에서 안동으로 내려올 때 매화를 의인화하여 주고받은 시와 죽기직전에 아들에게 남긴 한마디가 "매화에 물을 주라"는 것이었다고 한다. 단양군수 시절 시(詩)·서(書)·금(琴)에 뛰어난 재주를 겸비한 관기 두향(杜香, 생몰미상)과 교유하였다. 퇴계와 두향에 관한 문서상의 기록이 정확히 남아있지는 않지만, 단양팔경에 하나인 강선대에는 퇴계와 두향에 관한 이야기가 전해져 내려온다. 퇴계 나이 52세, 1552년에 매화와 거문고를 소재로 지은 시가있다.

> 빛바랜 옛 책속에서 성현을 마주하며,
> 텅 빈 방안에 홀로 앉아.
> 매화 핀 창가에서 봄소식을 다시 보니,
> 거문고 줄 끊겼다 한탄을 말라.

『퇴계전서(退溪全書)』에는 130구절의 가사(歌辭)로 되어있는 '금보가(琴譜歌)'가 수록되어있다. '금보가'의 내용 중에는 바른 소리를 칭송하고, 거문고의 악기형태와 소리를 음행오행의 관점에서 풀어낸 퇴계의 생각이 담겨있다. 퇴계는 딱딱함이 아닌 부드러움, 직선보다는 곡선 그리고 채움이 아닌 비움과 여백의 아름다움이 있어야 시를 지을 수 있고 노래를 부를 수 있다고 생각하였다. 또한 노래는 개인의 만족감이 충족되어야하며, 상대방과 소통하고 어울려야하는 것으로 여겼다. 퇴계의 작품 '만보(晚步, 저녁에 산보를 하며)'에는 본인의 심상과 거문고가 절묘하게 어우러져있다. '만보'의 일부내용을 소개하면 다음과 같다.

> 오래된 고민은 해결되지 않고
> 내 마음의 속이야기를 나눌 사람도 없어
> 고요한 이 밤, 거문고를 타누나.

퇴계는 고려시대 한반도에 유학이 유입된 이후 조선 성리학을 태동시키고 완성한 철인(哲人)이다. 퇴계의 근본사상은 인간 본연의 심성을 찾고자하였으며, 자연과 인간의 본성에 순응하고자하였다. 그러나 간과하지 않아야할 것은 자신의 감흥을 시로 표현 것에 머무르지 않고, 노래와 거문고를 통하여 향유하고 있다는 것이다. 매화와 거문고를 사랑하고 즐길 줄 알았던 퇴계는 질서와 조화를 중시한 예악사상을 온몸으로 수용하고 실천한 사람이다.

소리의 시험장
'구룡폭포'

새가 소리 내는 것에 대하여, 한국어는 "새가 운다.", 영어는 "새가 노래한다."고 표현한다. 그리고 반고흐의 태양은 노랗지만 일월오악도의 태양은 붉은색이다. 동일한 현상을 다르게 표현하는 문화적 차이는 음악에서도 나타난다. 한국음악은 음과 음의 이동 즉, 시김새를 표현하는 곡선의 구조로 되어있으며, 자연스러움을 추구한다. 그러나 서양음악은 하나하나의 음들을 쌓아올려 화성으로 표현하는 수직의 구조와 계획성을 중시한다.

'아름답게 노래한다.'는 의미를 가진 서양창법 벨칸토(Bel canto)는 크

고 깨끗하게 소리 내는 방법을 추구하지만, 판소리 창법은 자연의 소리를 인간의 목소리로 표현하기 위하여 머리부터 발끝까지 온몸을 이용하여 소리를 낸다. 크고 깨끗한 소리뿐만 아니라 거친 소리, 작은 소리 심지어 귀신 소리까지도 소리의 영역 안에 들어와 있다. 소리꾼들은 자신만의 소리를 얻기 위하여 즉, 득음(得音)을 위하여 기상천외한 소리공부법들을 사용하고 있다. 일반적으로 널리 알려진 방법은 폭포수 밑에서 소리공부를 하면서 피를 토하면 명창이 된다는 속설이다. 무모해 보이는 방법이지만 나름의 합리적 이유를 가지고 있다.

    폭포수 아래에 소리꾼이 위치하면, 폭포수 위쪽으로 한 명이 이동한다. 폭포수를 뚫고 위에 있는 사람에게까지 소리꾼의 소리가 들리면 소리의 성량이 되었음을 의미한다. 쏟아지는 폭포를 거슬러 올라가는 소리꾼의 소리공력은 가히 상상 그 이상이다. 그리고 소리를 하면서 목에서 피를 토하는 것은 평상시 쓰지 않던 성대 주변의 근육과 성대를 단련시키는 과정에서 실핏줄이 터지고 아물기를 반복하면서 소리꾼 특유의 성대가 만들어지는 과정의 일환이다. 실제로 내시경을 통해 성악가와 소리꾼의 성대를 관찰하면, 성악가의 성대는 하얗고 깨끗하며, 성대가 잘 맞물려 있다. 그러나 소리꾼의 성대는 붉은색 기운과 상처를 입은 듯 성대가 벌어져있다. 벌어진 곳으로 공기가 새어나오기 때문에 소리꾼의 목소리가 걸걸하게 또는 거칠게 들리는 것이다. 하지만 그곳에서 자연의 모든 소리가 터져 나오는 것이다.

    쉼 없이 흘러내리는 폭포의 거침없는 물줄기처럼 소리꾼들도 무한 반복의 연습을 통해 천상의 소리를 만들어가는 것이다. 타고난 천재성 보다 후천적인 노력과 열정이 예술의 완성도를 높인다. 노력의 중요성을 강조하는 문구로 임방울 명창이 제자에게 전한 유명한 이야기가 있다.

> 하루를 쉬면 내가 알고
> 이틀을 쉬면 스승이 알고
> 삼일을 쉬면 청중이 안다.

전라도 남원 지리산에 있는 웅장한 구룡폭포는 남원 8경 중 제1경에 꼽히는 폭포이다. 음력 4월 초파일이면 아홉 마리 용이 하늘에서 내려와 아홉 개의 폭포에서 놀다 갔다는 전설이 서려있는 곳이다. 또한 판소리 동편제 소리꾼들에게는 성지와 같은 곳이다. 동편제 창시자이자 가왕(歌王)으로 불리는 송흥록 명창이 이곳에서 득음했고, 송만갑, 박초월, 강도근, 안숙선 등 내로라하는 명창들이 거친 폭포의 물길에 맞서 소리를 다듬었던 곳으로 유명하다.

그리고 구룡폭포로 올라가는 계곡의 초입에는 육모정(六茅亭)과 춘향묘가 있다. 육모정 뒤편에 있는 용호동 계곡의 넓은 바위터는 소리꾼의 연습장소로 안성맞춤인 곳이며, 육모정 앞쪽에는 판소리 춘향가의 여주인공 춘향을 기리는 춘향묘가 조성되어있다.

최신시설을 갖춘 공연장과 스피커가 없던 시절 폭포수를 묵묵히 이겨내면서 만들어낸 소리꾼의 소리에 담긴 성량과 에너지는 단순한 기교를 넘어 가슴 먹먹한 울림으로 다가온다.

미주

01 『표준국어대사전』, '풍류' 항목 재인용.
02 한국예술학과 음악사료강독회 편역, 『조선후기 문집의 음악사료』, 한국예술종합학교, 2000, 63~64쪽.
03 『표준국어대사전』, '비파' 항목 재인용.
04 『한국예술학과 음악사료강독회 편역, 앞의 책, 149~150쪽.
05 李瀷, 『星湖僿說』, 慢者極緩人厭廢久 中者差促亦鮮好者 今之所通用則 大葉數調也.
06 문주석, 『韓國樂器論考』, 2013, 지성인, 204~205쪽.
07 『鶴峯逸稿』 第二券, 十二絃空在 知音有幾人 孤雲千載後 憑汝偶傳神.
08 권오성, "난계 박연선생의 업적을 되새겨본다", 『2010 난계예술제학술대회자료집』, 한국국악학회, 2010.
09 『한양사람들의 멋과 풍류 바위글씨展』, 서울역사박물관, 2004, 42쪽.
10 열거한 인물이이 조선 후기 문화예술계 중심세력으로 활동하면서 시대적 흐름을 좌우하는 결정적인 역할을 했다는 의미는 아니다. 다양한 예능인들의 출현정도로 인지하는 것이 타당하다. 다양한 예능인에 관한 정보는 다음의 책을 참고하였다. 안대회, 『조선을 사로잡은 꾼들』, 한겨레출판, 2011.
11 『웃대, 중인문화를 꽃피우다』, 서울역사박물관, 2011, 15쪽.
12 최종현·김창희, 『오래된 서울』, 동하, 2013, 223쪽.
13 이윤석·김유경 교주, 『남훈태평가 한양가』, 연세대학교 대학출판문화원, 2014, 165~166쪽.
14 문주석, 『歌曲源流 新考』, 2011, 지성인, 114쪽.

글을 마치며
Epilogue

　시간의 예술인 음악을 공간 속에 시각화된 문자로 잡아두는 것이 얼마나 어리석은 짓인지도 모른다. 그러나 표현하지 않고 기록하지 않으면, 흩어져버리는 두려움이 더 크게 다가오기 때문에 또 어리석은 짓을 저지르고 말았다.

　반만년 한반도의 역사와 함께 걸어온 한국음악은 한국문화와 예술의 주류였으나 지금은 주류에서 변방으로 밀려나버렸다. 불과 백여 년의 시간동안 발생한 상황이다. 건물주에서 세입자의 생활을 하게 된 것이다.

　개인적으로 한국음악을 접하면서 처음 배운 악기가 대금이었다. 이십여 년 전에 대금을 메고 길을 지나가면, 길쭉하고 폭이 좁은 악기가방의 형태 때문에 일반인들은 낚시꾼이나 사냥꾼으로 오해하는 경험도 있었다. 또한 한여름 밤 TV에서 '전설의 고향'이 상연될 때면, 서글프게 들려오는 청성곡과 상령산 대금가락은 한국음악의 명곡임에도 불구하고 일반인들에게는 귀신 나오는 소리로 각인되었다. 과거와는 다르게 많은 변화와 발전을 이룩한 한국음악이지만 현재 한국음악이 처한 상황이 과거와 별반 다르지 않다고 느끼는 것은 무엇 때문일까?

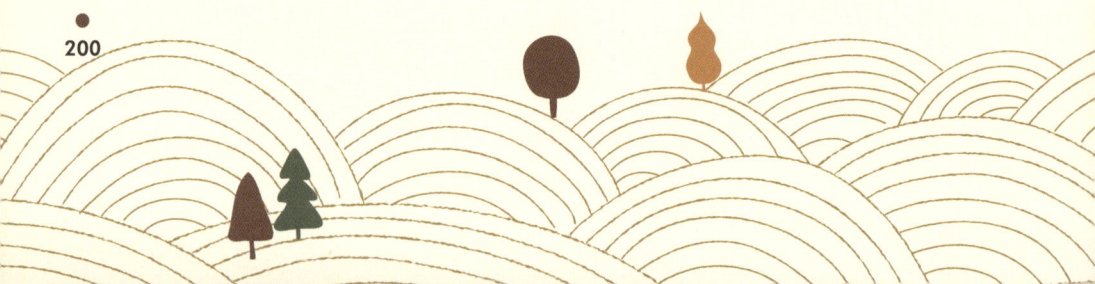

　한국음악을 이야기할 때, 가장 많이 듣는 소리가 '재미없다', '지루하다'이다. 심지어 한국음악공연을 볼때는 공짜표를 먼저 찾는다. 어느 정신과의사는 불면증 환자에게 한국음악을 들어보라는 처방을 내리기도 한다는 웃지 못 할 이야기는 한국음악을 들으면 심리적 평온함을 주는 뇌파가 생성되어 힐링의 효과로 작용하는 것을 생각한 것인지, 아니면 지루하고 재미없는 음악을 들으면 숙면을 취할 수 있다는 의도인지 의사가 내린 정확한 처방 의도는 파악할 수 없으나, 긍정의 의미로 수용하고 싶은 소박한 바램이다.

　재미있는 것에 대한 기준과 감성 코드는 사람의 기호에 따라 천차만별이다. 재미만 추구하는 것은 입에는 달콤하나 치아에는 좋지 않은 사탕처럼 언젠가 독이 되어 찾아온다. 달팽이관을 지나 마음을 두드리는 울림만이 시간이 지나도 다시 찾는 음악이 된다. 그러나 요즘 한국음악은 현대인들에게 사랑을 받고자 온몸으로 몸부림치고 있다. 주류에서 변방으로 밀려난 아픔이 크게 작동하기 때문인지 아니면, 주류가 반드시 되어야한다는 강박관념 때문인지 알 수 없다. 한국음악은 여유와 여백이 외래음악과 다른 점이라고 강조하면서, 지금 대중에게 사랑받지 못한다는 조급증이 한국음악을 절벽 위로 내몰고 있는 것은 아닌지 살펴볼 일이다. 자연과 시간이 만나 거부할 수 없는 감동을 선사하듯이 한국음악에게는 시계가 아닌 시간이 필요하다.

한국음악 즉, 국악이란 단어에는 전공자와 일반인들이 느끼는 보이지 않는 간격이 존재한다. 일반 대중들에게 국악은 생소한 단어이다. 왠지 어색하고 부담스럽지만 우리 것이라고 하니 애써 멀리하기도 그렇다고 가까이 하기도 어려운 대상인 것이 현실이다. 국악으로 밥벌이를 하는 입장에서 국악을 떠올리면, 이런저런 생각들이 복잡하게 일어난다. 예술을 싫어하는 사람에게 강요할 수 없듯이, 국악 또한 관심 없는 이들에게 좋은 것이라고 설득하기도 어렵다. 한국인이 한국말과 한국역사를 배우듯이 한국음악도 알아야한다는 논리로 접근하면 역효과만 불러온다. 그러나 먼 길을 떠나는 것도 한걸음에서 시작하듯이 한국음악에 대한 첫걸음을 이 책과 할 수 있다면 크나큰 기쁨일 것이다.

서양음악은 단계별로 수준에 맞게 체계적으로 접할 수 있는 자료들이 풍부한데, 한국음악은 무엇을 봐야하는지 어떻게 접근하고 시작해야하는지 모르겠다는 질문이 많다. 이 책은 한국음악을 알고 싶을 때, 조심스럽게 손을 뻗어보는 단계에서 이해할 수 있는 내용으로 구성하였다. 한국음악에 대한 관심단계는 아니고, 눈길 정도 주는 이들에게 거부감 없이 다가갈 수 있을 것이다. 듣고 나니 보이는 우리소리의 매력을 이 책과 함께 하는 모든 분들과 할 수 있길 바라는 마음을 품어본다.

초판 1쇄 인쇄 2017년 12월 30일
초판 1쇄 발행 2017년 12월 30일

지 은 이 문주석
발 행 인 정양순
책임편집 김은정
디 자 인 최은주, 차민진
일러스트 박지연

펴 낸 곳 아이디어스푼
출판등록 2008년 2월 12일 제2013-000352호
주   소 서울시 강남구 도산대33길 20 JS빌딩 303호
문   의 02. 2277. 6206
홈페이지 www.ideaspoon.co.kr
인   쇄 (주)유진인쇄

ISBN 978-89-969844-2-9 03800   가격 12,000원

이 책은 아이디어스푼이 저작권자의 계약에 따라 발행했습니다.
저작권법에 의해 보호받는 저작물이므로 본사의 서면 허락 없이는 어떠한 형태로도 이용할 수 없습니다.